Monika und Erhard Hirmer

Minikrimis

3./4. Jahrgangsstufe

DETEKTIVE

sind

Benni, Lu und Du

ISBN 978-3-89291-**354-2**

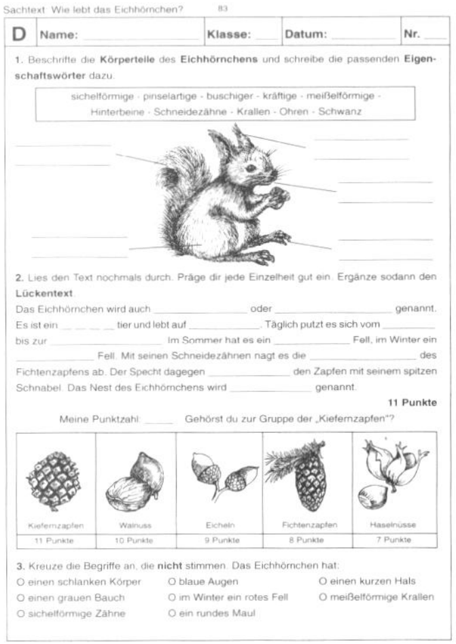
Sachtext: Wie lebt das Eichhörnchen? 83

D	Name:	Klasse:	Datum:	Nr.

1. Beschrifte die **Körperteile** des **Eichhörnchens** und schreibe die passenden **Eigenschaftswörter** dazu.

sichelförmige · pinselartige · buschiger · kräftige · meißelförmige ·
Hinterbeine · Schneidezähne · Krallen · Ohren · Schwanz

2. Lies den Text nochmals durch. Präge dir jede Einzelheit gut ein. Ergänze sodann den **Lückentext**.

Das Eichhörnchen wird auch ______ oder ______ genannt. Es ist ein _ _ _ _ tier und lebt auf ______. Täglich putzt es sich vom ______ bis zur ______. Im Sommer hat es ein ______ Fell, im Winter ein ______ Fell. Mit seinen Schneidezähnen nagt es die ______ des Fichtenzapfens ab. Der Specht dagegen ______ den Zapfen mit seinem spitzen Schnabel. Das Nest des Eichhörnchens wird ______ genannt.

11 Punkte

Meine Punktzahl: ____ Gehörst du zur Gruppe der „Kiefernzapfen"?

Kiefernzapfen	Walnuss	Eicheln	Fichtenzapfen	Haselnüsse
11 Punkte	10 Punkte	9 Punkte	8 Punkte	7 Punkte

3. Kreuze die Begriffe an, die **nicht** stimmen. Das Eichhörnchen hat:

O einen schlanken Körper O blaue Augen O einen kurzen Hals
O einen grauen Bauch O im Winter ein rotes Fell O meißelförmige Krallen
O sichelförmige Zähne O ein rundes Maul

Geschichten und Erzählungen
Kimis Flug ins Ungewisse
Die gruseligste Nacht in Tinas Leben
Der Pfingstspatz (Franz Hohler)
Hannes fehlt (Ursula Wölfel)
Rita ärgert sich (Rolf Krenzer)
Fabeln, Schwank
Der Rabe und der Fuchs (Äsop)
Die Stadtmaus und die Feldmaus (Martin Luther)
Der Hase und die Schildkröte (Äsop)
Der Wettlauf zwischen Hase und Igel
Der Fuchs und der Ziegenbock (Äsop)
Der Müller und sein Sohn (Frans Haacken)
Märchen, Sage
Swimmy (Leo Lionni)
Jorinde und Joringel (Gebrüder Grimm)
Prinzessin und Prinz: (Märchen erfinden)
Rübezahl und die Wandergesellen
Legende, Gleichnis
Der heilige Nikolaus (Volksgut)
Der heilige Martin (Nacherzählung)
Gleichnis vom verlorenen Sohn (Lukas)

Gedichte
Wenn das M nicht wär' erfunden (James Krüss)
Das Kostbarste (Helmut Zöpfl)
Der Herbst (Akrostichon)
Ferienzwölfchen schreiben können
Das große, kecke Zeitungsblatt (Guggenmos)
Sonnengesang (Franz von Assisi)
Wann sind Freunde wichtig? (Georg Bydlinski)
Es ist Frühling (Jahreszeiten)
Vögel im Winter ... (Bertolt Brecht)
Wer bin ich? (Dreizeiler)
Ein großer Teich war zugefroren (Goethe)
Sachtexte
Wie lebt der Maulwurf unter der Erde?
Maulwurf und Igel (Äsop)
Die kleinen Kolosse der Savanne (Stefan Greschick)
Wie lebt das Eichhörnchen im Wald?
Auszüge aus Kinderbüchern
Frederick (Leo Lionni)
Der gute Räuber Willibald (Rudolf Otto Wiener)

Textknacker 3
Nr. 520 *112 Seiten* € 18,90

Wunschgeschichte: Wo ich sein will, wo ich bin 30

D	Name:	Klasse:	Datum:	Nr.

Wo ich sein will, wo ich bin

Gina Ruck-Pauquèt

„Warte!", sagt Janna. Florian wartet.

„Weißt du was", sagt er. „Ich möchte in einem U-Boot sein. Da könnte mich keiner aufhalten. Ich hätte es warm und wäre für mich allein. Ganz tief im Meer würde ich fahren."

„Nee", sagt Janna, „das möchte ich nicht. Auf einer ganz, ganz weiten Wiese möchte ich liegen, die erst aufhört, wo der Himmel anfängt. Mittendrin würde ich liegen. Zwischen lauter Vergissmeinnicht."

„Pah!", sagt Florian und schiebt die Unterlippe vor. „Da wüsste ich was Besseres! Ein Baumhaus in einem dichten, dunklen Wald. Ganz oben auf dem Wipfel einer Tanne. Und der Wind tät' mich schaukeln."

„Da müsste ich mich fürchten", sagt Janna. „In Afrika möchte ich sein, in der Wüste, zwischen lauter wolligen, schnurrigen Löwenbabys."

„Und die Löwenmutter würde dich fressen", sagt Florian. „Happ! In einem Kanu möchte ich sein", sagt er. „Auf einem schmalen, stillen Fluss. Unter den Zweigen der Bäume würd' ich dahingleiten."

„Nein", sagt Janna. „Ich weiß, was ich möchte! In einer Gondel schweben. Viele bunte Vögel rings um mich her. Ganze Wolken von bunten Vögeln."

„In einer Höhle voller Edelsteine will ich sein", sagt Florian. „Da glitzert und funkelt es ringsum. Ich nehme meine Taschenlampe ..."

„Ach was", sagt Janna. „Es ist hell und die Sonne scheint. Ich bin in einem Garten. Und auf allen Bäumen sitzen Eichhörnchen, die Mundharmonika spielen."

„Wo ich bin, ist Nacht", sagt Florian. „Da ziehen hell erleuchtete Raumschiffe am Himmel entlang. In einem von ihnen sitze ich und ..."

„Ihr seid mitten in der Stadt", sagt da ein Mann hinter Janna und Florian. „Ihr steht vor einer Ampel, die schon dreimal grün war. Wann geht ihr endlich rüber?"

Wunschgeschichte: Wo ich sein will, wo ich bin 32

D	Name:	Klasse:	Datum:	Nr.

7. Du kannst jetzt üben, ein guter **Geschichtenerzähler** zu werden.
Die beiden Kinder sind vor der Ampel ins Träumen gekommen, haben einander erzählt, wo sie gern sein möchten.
Suche dir von den folgenden Bildern einige aus. Schreibe auf deinem Block zum jeweiligen Abschnitt des Lesestückes **Fortsetzungsgeschichten** auf, wo du ebenfalls gern sein möchtest, also Abenteuergeschichten, Traumgeschichten und Fantasiereisen.

In einem U-Boot unterwegs ...	In einem Baumhaus im Wald ...	In einem Kanu auf dem Fluss ...
In einer Höhle voller Edelsteine ...	In einem Raumschiff im Weltall ...	Auf einer Wiese mit Vergissmeinnicht ...
In der Wüste mit Löwenbabys ...	In einer Gondel schweben ...	In einem Garten mit Eichhörnchen ...

von ______

Male ein Bild dazu.

Geschichten und Erzählungen
Piraten auf Schatzsuche • Stan Stix vom andern Stern • Alles ist gegen Tom (Rosemarie Künzler-Behncke) • Die Geschichte vom grünen Fahrrad (Ursula Wölfel) • Hirsch Henri in der Badewanne (Ingo Offergeld) • Ich bin so gemein gewesen (Irina Korschunow) • Wo ich sein will, wo ich bin (Gina Ruck-Pauquèt)
Fabeln, Parabeln, Schwank
Der Löwe und die Maus (Äsop) • Von zwei starrköpfigen Ziegen (Jean de La Fontaine) • Tillie und die Mauer (Leo Lionni) • Der Fuchs und die Katze (Brüder Grimm) • Die drei Söhne (Leo N. Tolstoi) • Mali vom Berg (Hanna Hannisch) • Ein Gerücht (Heinz Steguweit)
Märchen, Legenden, Gleichnis
Prinzessin Rosenrot • Prinz Reiskorn • Der störrische Esel und die süße Distel (Karl Heinrich Waggerl) • Gleichnis vom verlorenen Schaf (Lukas)
Gedichte
Farbelfchen • Wer kommt gekro-? (Josef Guggenmoos) • Rondell • Der Wind (Josef Guggenmoos) • Das Wasser (James Krüss) • Ein Riese warf einen Stein (Josef Guggenmoos) • Ich bin froh, dass ich bin, wie ich bin (Elberta H. Stone)
Sachtexte
Welpen erziehen (Janice Marriott) • Die beliebtesten Haustiere • Warum klopft der Specht?
Auszüge aus Kinderbüchern
Das gehört mir (Leo Lionni) • Brif, Bruf, Braf (Gianni Rodari) • Rennschwein Rudi Rüssel (Uwe Timm)

Textknacker 4
Nr. 524 *144 Seiten* € 20,90

Vorwort

Ziel der Leseschatztruhe ist es, dass die Kinder lernen, sich bewusst mit Texten auseinander zu setzen und dadurch ihre Fähigkeit zum sinnentnehmenden Lesen erweitern. Nicht selten kommt es in der 3. Jahrgangsstufe vor, dass die Kinder zwar flüssig lesen, die Information der Texte aber unzureichend verstehen und kaum in eigene Worte fassen können. Lesen bereitet jedoch erst dann wirklich Freude, wenn das Gelesene verstanden wird und die Aussageabsicht des Textes bzw. der Geschichte klar wird.

Um diesem Ziel näher zu kommen, wurden zwölf unterschiedliche Texte ausgewählt, mit denen sich die Schüler mit Hilfe eines Arbeitsblattes auseinander setzen können. Die Arbeitsblätter beinhalten gezielte Fragen zum Text, Übungen zur Worterschließung und Aufgaben zum exakten, wortgenauen Lesen. Das textgerechte Antworten steht im Vordergrund, um Oberflächlichkeit beim Lesen zu vermeiden.

Vor Beginn der Textarbeit sollte der Lehrer jedoch nicht vergessen, die Schüler mit gewissen erleichternden Arbeitstechniken vertraut zu machen. Dazu gehören vor allem

- das Lesen des gesamten Textes und aller Arbeitsaufträge zu Beginn,
- das Unterstreichen von Textstellen und Verwenden unterschiedlicher Farben,
- das Zurückstellen schwer lösbarer Arbeitsaufträge.

Die Lösungsblätter bieten den Schülern die Möglichkeit zur Eigenkontrolle. Gespräche im Klassenverband, um eventuell die Absicht des Autors zu klären und um Alternativlösungen zu besprechen, sollten die Lesestunde abschließen.

Die sechs Lernzielkontrollen am Ende des Buches sind ähnlich wie die Arbeitsblätter strukturiert. Aufgrund der bereits vertrauten Art der Fragestellung ist es für die Schüler möglich, sie problemlos zu bewältigen. Die dazugehörigen Lösungsblätter erleichtern dem Lehrer die Korrektur der Probearbeiten. Die Auswahl der Leseproben ist der Lehrkraft selbst überlassen.

Lesetexte mit Arbeitsblättern
1. Freunde (Gina Ruck-Pauquèt)
2. Schniefnase geht schlafen (unbekannter Verfasser)
3. Frederick (Leo Lionni)
4. Der kleine Stationsvorsteher (unbekannter Verfasser)
5. Ein Wunsch ist frei (unbekannter Verfasser)
6. Der Drachentöter von Mixnitz (unbekannter Verfasser)
7. Der erste April (Erica Lillegg)
8. Die Libelle (Josef Guggenmos)
9. Ein Stürmer zuviel (Christian Bieniek)
10. Der Stein (Dagmar Christiansen u.a.)
11. Spaziergang im Stadtwald (Karl Piepho)
12. Ritter Uli (Ursula Wölfel)

Lesetexte mit Proben
1. Wie die Schwalben bauen (Heinrich Grupe)
2. Manfred und die anderen Kinder (Cornelia Beck)
3. Die Erde in der Mülltonne (Jan Winton/Fred Pearce)
4. Bären im Flugzeug (Peter Bamm, erzählt von Leo Koch)
5. Bewegungslos werden (Friederike Naroska)
6. Der Wald im Herbst (Barbara Froehlich)

Leseschatztruhe 3
Nr. 394 *110 Seiten* € 18,90

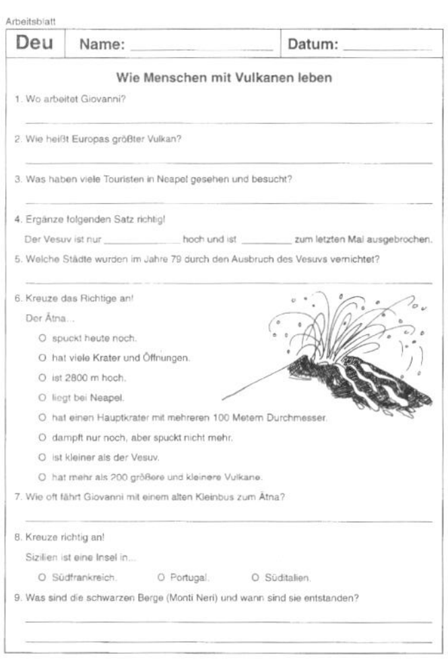
Arbeitsblatt

Deu	Name:	Datum:

Wie Menschen mit Vulkanen leben

1. Wo arbeitet Giovanni?
2. Wie heißt Europas größter Vulkan?
3. Was haben viele Touristen in Neapel gesehen und besucht?
4. Ergänze folgenden Satz richtig!
   Der Vesuv ist nur ______ hoch und ist ______ zum letzten Mal ausgebrochen.
5. Welche Städte wurden im Jahre 79 durch den Ausbruch des Vesuvs vernichtet?
6. Kreuze das Richtige an!
   Der Ätna...
   O spuckt heute noch.
   O hat viele Krater und Öffnungen.
   O ist 2800 m hoch.
   O liegt bei Neapel.
   O hat einen Hauptkrater mit mehreren 100 Metern Durchmesser.
   O dampft nur noch, aber spuckt nicht mehr.
   O ist kleiner als der Vesuv.
   O hat mehr als 200 größere und kleinere Vulkane.
7. Wie oft fährt Giovanni mit einem alten Kleinbus zum Ätna?
8. Kreuze richtig an!
   Sizilien ist eine Insel in...
   O Südfrankreich. O Portugal. O Süditalien.
9. Was sind die schwarzen Berge (Monti Neri) und wann sind sie entstanden?

Arbeitsblatt (Rückseite)

10. Wann fand der gewaltigste Ausbruch alter Zeiten am Ätna statt?
11. Wozu spart Giovanni die Trinkgelder?
12. Warum schätzen die Sizilianer ihren Ätna so sehr?
13. Ergänze richtig!
    Die glühenden Steine, die ein Vulkan herausschleudert, nennt man ______.
14. Suche die Wörter im Text, die die gleiche Bedeutung haben wie folgende Wörter:
    • Feriengast: ______
    • wachsen: ______

Lesetexte mit Arbeitsblättern
1. Die Linde (Gudrun Pausewang)
2. Barry (unbekannter Verfasser)
3. Wer erfand das Fahrrad? (unbekannter Verfasser)
4. Lila mit grünen Streifen? (Gina Ruck-Pauquèt)
5. Und was machen wir mit ihm?
6. Der Regentropfen (Peter Biegel)
7. Nikolaus für den Nikolaus (Toni Francis)
8. Zwei auf einer Bank (Hans Stempel/Martin Ripkens)
9. Der Löwe (unbekannter Verfasser)
10. Made in Hongkong (Franz Hohler)
11. Wie Menschen mit Vulkanen leben (Werner Kirst)
12. Ein Ostermorgen vor vielen Jahren (Rolf Krenzer)

Lesetexte mit Proben
1. Nur acht Fische (Verena Pollmannski)
2. Hannes fehlt (Ursula Wölfel)
3. Alles wie jedes Jahr (Katrin Topsch)
4. Deutsches Rotes Kreuz, bitte kommen! (Theo Stracke)
5. Das Gespenst in der Scheune (Marieluise Bernhard v. Luttitz)
6. Vorsicht! Lawinen (unbekannter Verfasser)

Leseschatztruhe 4
Nr. 395 *112 Seiten* € 18,90

VORWORT

Liebe Kollegin, lieber Kollege,

sicher bemerkten auch Sie bei der Lektüre von Texten aus Lesebüchern, wie schnell Ihre Kinder diese Bücher anschließend verschwinden lassen. Sie bieten zwar Gehalt, aber zumeist wenig Spannung.
Gönnen Sie doch Ihren Kindern gelegentlich, sinnvoll verteilt über das Schuljahr, Texte, deren Art alleine schon jeden motiviert: **KRIMIS !**

Die vorliegenden Minikrimis verfassten wir unter folgenden Gesichtspunkten:

* Jede Geschichte hat ein offenes Ende. Das bietet die Gelegenheit, Handlungen in verschiedene Richtungen fortzuführen. Kinder wollen kriminalistisch tätig werden, kombinieren, vergleichen.....und den Täter finden. Der wird auch auf dem jeweiligen Arbeitsblatt nicht verraten - er soll durch Textarbeit, durch Bildervergleich usw. ermittelt werden.

* Wir verzichteten auf Geschichten über Mord und Totschlag, auf die Darstellung körperlicher Gewaltanwendung, auf Sexualdelikte u.ä. Die Gründe hierfür sind bekannt. Spannung kann man auch ohne Morde erzeugen !

* Jeder Fall wird von den selben Identifikationsfiguren erlebt, bearbeitet und gelöst. Das schafft Klarheit, Vertrautheit und kann bei sensiblen Lesern eventuell auftretenden Ängsten beruhigen.

Spaß, Spannung und Erfolg wünscht der Verlag Puchheim

INHALT

10 Minikrimis mit Aufgabenblättern zum Lösen der Fälle

MINIKRIMI

Lauschangriff

Stürmisch drängten alle Kinder von der ersten bis zur neunten Klasse aus ihren Zimmern, als der Gong zur Pause ertönte. " Man möchte glauben, die Schule brennt ! ",bremste Herr Greil seine Klasse 3a. " Zeit ist Geld ! ",erwiderte Lu und schaute dabei ihren Lehrer so verschmitzt an, dass er lächeln musste. Lu, die mit vollständigem Namen *Luise* hieß -Top Secret war das, sie hasste diesen Namen ! - , war ein aufgeschlossenes Mädchen mit vielen Freunden. Ihre beste Freundin war Susanne, neben der sie seit der 1. Klasse saß. Dann gab es da noch diesen Jungen, Bennie, aus Lus Nachbarschaft. Mit dem hatte Lu schon im Sandkasten gespielt. Dabei war das Sandspielen bei weitem nicht ihre größte Leidenschaft: Schon im Kindergarten waren beide *die* Detektive überhaupt; immer sofort zur Stelle, wenn irgend etwas faul war, jemand Hilfe brauchte, wenn es galt, Streit zu schlichten oder abhanden gekommene Dinge wiederzubeschaffen. Mit Lupe und manchmal auch verkleidet - Sonnenbrille und Hut - lösten sie jeden Fall ! Seit ihrer Kindergartenzeit verkleideten sie sich nicht mehr, aber der Ruf als Superdetektive ist ihnen bis in die Schule gefolgt - zumal sie auch hier schon einige Unklarheiten mit Intelligenz und Spürsinn klären konnten.
Auch der heutige Tag, der ganz normal und langweilig begonnen hatte, sollte den Ruf der zwei Detektive fortführen.
Als nämlich die Pause beinahe beendet war, entschloss sich Bennie, schnell noch in der Toilette, die sich neben der Klasse 9c befindet, seine klebrigen Hände zu waschen. Beim Betreten des Waschraums stutzte er ! Rauch von qualmenden Zigaretten lag in der Luft und Bennie wurde Zeuge eines Gesprächs zwischen zwei Jungen, die sich in eine Klozelle eingeschlossen hatten. " Das kriegt keiner raus ! Nie ! Wie sollten die auf uns kommen ? Wir müssen nur warten, bis es dunkel genug ist. " ,so sprach einer der beiden ziemlich laut. " Ja, " erwiderte der andere, " ganz deiner Meinung ! Gleich nach der Schule besorge ich alles." Bennie kannte die zwei Stimmen nicht. Er spürte aber, dass die zwei irgend eine Gemeinheit ausheckten. So bückte er sich hinunter, um

durch den Türspalt wenigstens die Füße der Eingeschlossenen sehen zu können. Der eine trug schwarze Cowboystiefel, der andere weiße, ausgelatschte Turnschuhe - mehr war leider nicht zu erkennen. Außerdem ertönte in diesem Augenblick der Gong, der die Pause beendete. Eiligst lief Bennie zurück zum

Klassenzimmer.
Die folgende Mathestunde erforderte volle Konzentration, so dass Bennie das Gespräch der Jungen wieder vergaß.
Sofort fiel es ihm aber wieder ein, als er am nächsten Morgen zusammen mit Lu an die Schule kam und *die Schweinerei* sah. Herr Ippi, der Rektor, und noch einige andere Lehrer standen vor dem Eingang der Schule, und man konnte von ihren Gesichtern die Empörung ablesen. Da waren um die Eingangstüre mit schwarzer Farbe die hässlichsten Sprüche gepinselt und gesprüht: *Ausländer raus* und so weiter. " Wer macht denn so etwas ? ", entsetzte sich Lu.
" Das wissen wir leider nicht , " antwortete ihr Klassenlehrer Greil , " aber bestimmt niemand aus unserer Schule ! " - " Da wäre ich mir nicht so sicher ! ", klinkte sich Bennie ins Gespräch ein. Er erzählte von seinem gestrigen Toilettenerlebnis. Am Schluss meinte er geheimnisvoll: " Ich kann nicht sagen, wer es war, aber morgen wissen wir mehr ! "
Bennie hatte einen Plan. Gleich nach dem Mittagessen fuhr er mit Lu in die Stadt, um das Geschäft ausfindig zu machen, in dem die Farbe gekauft wurde. Im dritten Laden hatten sie Glück: Dort, in einem Spezialgeschäft für Farben und Lacke, konnte man sich an die beiden Jungen erinnern. Der eine war untersetzt, blond und hatte einen Ring im linken Ohr; der andere groß mit dunklen, gewellten Haaren und einer auffallenden Zahnlücke. Beide trugen Jeans.
" Ich habe mich noch gewundert, " meinte der Verkäufer, " denn die beiden hatten es so furchtbar eilig. Einer hatte einen schwarzen Lederknopf von seiner Jacke verloren. Ich konnte die Burschen aber nicht mehr einholen, so schnell waren die mit ihren Mofas verschwunden."
Bennie und Lu waren sich sicher, die beiden Schmierfinken überführen zu können.

Ihr auch ?

DETEKTIVE, AN DIE ARBEIT !

Auf Tätersuche

1) Was spricht dafür, dass die beiden Täter noch **Schüler** sind ?

____

2) Wie hat der Verkäufer die beiden beschrieben ?

*der eine:*______________________________________

*der andere:*____________________________________

3) Folgende Angaben wurden zur Kleidung der beiden gemacht:

____

____

4) Bennie und Lu baten den Verkäufer um ein Beweisstück.
Um welches ?

____

5) In welcher Schulklasse suchen Bennie, Lu und du wohl zuerst ?
Warum ?

____

____

6) Wenn du nachfolgendes Bild genau betrachtest, erkennst du die Täter:

LÖSUNGEN

Auf Tätersuche

1) Was spricht dafür, dass die beiden Täter noch **Schüler** sind ?
Satzteil *Gleich nach der Schule....*

2) Wie hat der Verkäufer die beiden beschrieben ?
der eine: untersetzt, blond, Ring im linken Ohr,
der andere: groß; dunkle, gewellte Haare, Zahnlücke,

3) Folgende Angaben wurden zur Kleidung der beiden gemacht:
beide in Jeans; einem fehlt ein Knopf in Lederjacke

4) Bennie und Lu baten den Verkäufer um ein Beweisstück.
Um welches ?
um den Knopf

5) In welcher Schulklasse suchen Bennie, Lu und du wohl zuerst ?
Warum ?
Klasse 9c, neben Toilette

6) Wenn du nachfolgendes Bild genau betrachtest, erkennst du die Täter:

MINIKRIMI

Ein gefährlicher Aufsatz

" Guten Morgen, meine Herrschaften ! ", rief Herr Greil, der Klassenlehrer, gut gelaunt, als er das Klassenzimmer betrat. " Zuerst haben wir Kunstunterricht. Da dürft ihr eure Einbände für das Deutsch - Heft fertig malen. Die Mädchen dürfen dann gleich im Anschluss eine Niederschrift in das neue Heft schreiben. "
" Puuuuu...." hörte man die Mädchen raunen. " Nach dem Kunstunterricht ist doch Sport ! ", protestierte Maria empört. " Ganz recht, meine Damen, " erwiderte Herr Greil, " sonst schon. Aber heute ist Frau Sieber, eure Sportlehrerin krank.Die Jungs haben mit mir Sport, und ihr Mädchen müsst euch die Stunde über mit dem Aufsatz beschäftigen - hier, im Klassenzimmer ! "
Die Kinder machten sich an die Arbeit, ihre Hefteinbände fertigzustellen. Jeder nach seinem Geschmack in verschiedenen Farben und Mustern. " Schaut eigentlich ganz gut aus ! ", meinte Lu nicht ohne Eigenlob, als sie ihren marienkäferbemalten Umschlag betrachtete. " Dein Umschlag ist aber auch toll ! " lobte sie Susanne und deutete auf die gelben Sterne des Einbands. Beate zeigte stolz ihren Umschlag mit den vielen kleinen Herzen. Daniela hatte lauter Tupfen in verschiedenen Größen, Inge kleine, gelbe Sonnen, Maria ein kleines Karo, Diana Luftballons, Rosi Kleeblätter und Carmen Erdbeeren gemalt. " Sind ja alle toll geworden ! ", meinte Herr Greil bewundernd. " Wo sind die Umschläge der Jungen ? Ist da keiner fertig geworden ? " Martin grinste und meinte: " So etwas liegt den Mädchen eben mehr - uns dafür das Rechnen ! " - " Na, ja, wenn das so ist, " sprach ihr Lehrer,

" müsst ihr eure Kunstwerke eben zu Hause vollenden. Zieht euch jetzt zum Sport um ! " Und zu den Mädchen gewandt: " Ich hoffe, dass ihr nicht zu laut seid. Wenn ihr mit eurer Niederschrift über den Wasserkreislauf fertig seid, legt ihr eure Hefte gestapelt auf meinen Tisch. Danach geht ihr leise in den Pausehof. Die Jungs dürfen übrigens nach der Pause den selben Aufsatz schreiben ! "
Lu konnte ein schadenfrohes Lachen nicht unterdrücken, als sie Bennies enttäuschtes Gesicht sah.
Nach der Pause war Herr Greil nicht wiederzuerkennen. Gar nicht mehr gut gelaunt, mit finsterer Miene, stand er vor der Klasse und sprach gefährlich leise: " Ich bin enttäuscht, euch sagen zu müssen, dass sich in diesem Zimmer ein Dieb befindet. Ich weiß ganz genau, dass ich, bevor ich mit den Jungen in die Turnhalle ging, meinen silbernen Kugelschreiber mit der Gravur GREIL HORST auf den Schreibtisch gelegt hatte. Jetzt ist er verschwunden ! " -
" Vielleicht haben Sie ihn in der Hosentasche ? ", meinte Daniela vorlaut. " Nein ! ", rief Lu. " Er lag wirklich auf dem Pult, das weiß ich ganz genau ! Denn als ich mein Heft auf den Stapel legte, wäre mir der Kugelschreiber beinahe zu Boden gerollt. Ich konnte ihn aber noch aufhalten und auf seinen Platz zurücklegen. "
Auch Susanne wusste etwas: " Als ich mein Heft abgab, lag nichts auf dem Tisch außer den Heften. Ich habe zwar nicht darauf geachtet, wer vor mir das Klassenzimmer verließ, weil ich so in meinen Aufsatz vertieft war.Aber ich weiß bestimmt,dass zwischen Lu und mir nur eine Mitschülerin gegangen ist. Ich hörte nur einmal die Türe ins Schloss fallen ! "
" Dann ist die Sache doch sonnenklar ! ", meinte Bennie und rieb sich siegessicher die Hände: Er wusste, wie man den Fall aufklären konnte.

Du auch ?

DETEKTIVE, AN DIE ARBEIT !

Wir klären den Fall auf !

1) Welche Gravur hatte der verschwundene Kugelschreiber ?

____

2) Wieso wusste Lu genau, dass der Kugelschreiber auf dem Pult lag ?

____

____

3) Wer war der Täter ? Wie kommt man auf die Lösung ?

____

____

____

4) Detektive beobachten genau !

Was stimmt an diesen Dingen nicht ?

LÖSUNGEN

Wir klären den Fall auf !

1) Welche Gravur hatte der verschwundene Kugelschreiber ?
GREIL HORST

2) Wieso wusste Lu genau, dass der Kugelschreiber auf dem Pult lag ?
Sie verhinderte sein Hinunterfallen

3) Wer war der Täter ? Wie kommt man auf die Lösung ?

Siehe Bild: Reihenfolge der Hefte; Zwischen Lus Heft (Marienkäfer - Schreiber noch da) und Susannes Heft (Sterne - Schreiber weg) liegt Marias Heft (Karo- Diebin)

4) Detektive beobachten genau !

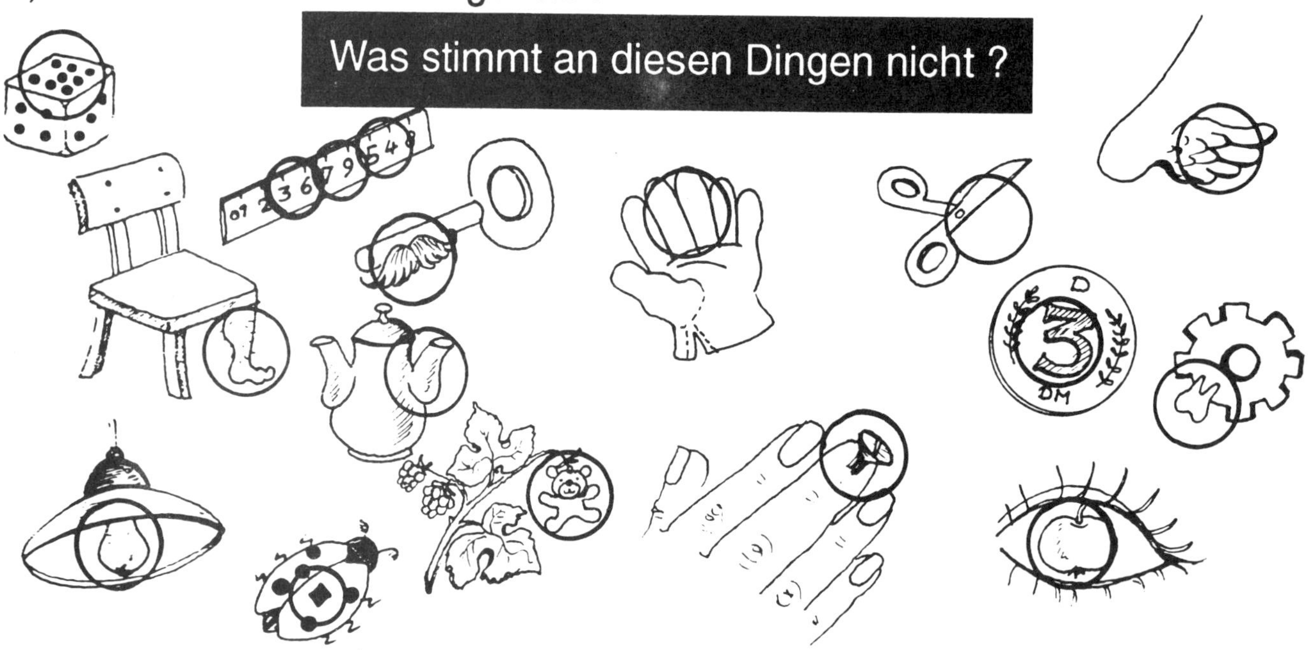

MINIKRIMI

Mit dem Eis in der Hand

" Luise, Telefon ! ", schrie Lus Mutter mehrmals, bis Lu endlich hörte.
" Komme ja schon ! ", murrte sie. " Und, Mama, nenn mich bitte nie wieder Luise, ja ?! " Lu hörte die vertraute Stimme ihrer Freundin Susanne am Telefon: " Hi, Lu. Hast du heute Zeit ? Kommst du mit mir und Bennie zum Eisessen ? Wir wollen dann noch in den neuen CD - Laden schauen. Na, was ist ? " Lu überlegte kurz und antwortete dann: " Natürlich komme ich mit. Treffen wir uns um 14 Uhr bei mir ? " - " Geht klar, " erwiderte Susanne, " also bis dann ! " Es knackte kurz in der Leitung - Susanne hatte aufgelegt.
Pünktlich um 14 Uhr läutete es an der Türe. " Können wir gehen ? ", fragte Susanne und zog dabei Lu zu sich und Bennie hinaus.
Wie so oft saßen die drei auch diesmal an einem Tisch vor ihrer Stamm-Eisdiele CASAL und schlürften wortlos und genießerisch ihr Eis.
Da machte Bennie plötzlich seine beiden Freundinnen aufmerksam auf einen wild gestikulierenden Mann , der vor dem Nebenhaus auf einen ihnen bereits bekannten Polizisten, Herrn Peyerl, einredete. Dahinter stand eine ältere Frau und hörte den beiden angestrengt zu. Sofort liefen die drei Freunde, ihre Eistüten in der Hand, auf die beiden Männer zu. " Ist etwas passiert ? ", fragte Lu aufdringlich. Herr Peyerl hatte Lu sofort erkannt: " Ja, und ich weiß in diesem Fall einfach nicht weiter ! " Herr Peyerl machte eine kurze Pause. Dann deutete er auf den Mann: " Das ist Herr Pscheidl. Und das hier - dabei deutete er auf die ältere Frau - Frau Reim, Putzfrau bei Herrn Pscheidl. Herr Pscheidl wurde gestern Abend überfallen. Seine wertvolle Briefmarkensammlung wurde gestohlen. Er behauptet, er sei gestern Abend von einem Spaziergang nach Hause gekommen und habe schon von weitem bemerkt, dass sein Arbeitszimmer im Erdgeschoß hell erleuchtet war." - " Sie haben natürlich durch´s Fenster geschaut ? ", fragte Lu in Richtung des Herrn Pscheidl.

Der antwortete schnell: " Ja, freilich. Aber ich sah nichts, weil die Vorhänge zugezogen waren. Ich bin natürlich sofort in mein Arbeitszimmer gelaufen. Dort wurde ich von den zwei Typen, die sich gerade an meinem Wandsafe zu schaffen machten, überwältigt und an den Balken gefesselt. Ich wurde bewusstlos, und als ich aufwachte, waren die Kerle schon mit meinen Briefmarken weg. Die Polizei konnte ich nicht rufen, da ich ja gefesselt war. Erst vor gut einer Stunde befreite mich meine Putzfrau...." Frau Reim, die Putzfrau, hatte während der Schilderung Pscheidls ständig genickt und "ja,ja" gemurmelt. Jetzt wollte sie fortfahren: " So was habe ich noch nie erlebt ! Also, ich sage Ihnen ! Ich lief gleich zu dem armen Herrn Pscheidl hin und befreite ihn von seinen Fußfesseln und dann...." - doch Bennie unterbrach sie : " Das mit dem Balken verstehe ich nicht ! Sie sagten, Sie wurden an einen Balken gefesselt....?! " Herr Peyerl klärte Bennie auf: " In Herrn Pscheidls Arbeitszimmer steht ein schwerer Stützbalken. Daran wurde er angeblich angehängt. "
" Dürfen wir uns Ihr Arbeitszimmer mal anschauen ? ", fragte Bennie routiniert. Herr Pscheidl lachte verächtlich: " Ihr ? " Doch Herr Peyerl klärte ihn auf: " Die Kinder haben mir schon einmal bei einem Fall geholfen. Gehen wir ! "
An der Türe zum Arbeitszimmer hielt sie Herr Pscheidl auf: " Passt ein bisschen auf, da drinnen. Wir renovieren gerade, werft nichts um ! "
Als die Kinder das Zimmer betraten, konnten sie kaum etwas erkennen - klar, die Vorhänge waren ja zugezogen. Ganz frech wollte Bennie das Licht einschalten, doch es blieb dunkel ! " Wir renovieren ! ", wiederholte Herr Pscheidl. " Die Lampe ist darum einstweilen außer Betrieb. " Jetzt schritt Polizist Peyerl zum Fenster und öffnete die Vorhänge. Die Kinder konnten sofort erkennen, dass Herr Pscheidl die Wahrheit sagte: Tisch, Stühle, eine Couch waren mit Zeitungspapier abgedeckt; auf dem Boden neben dem Tisch lagen der Lampenschirm und ein Telefon, ebenfalls abgedeckt. Farbtöpfe standen herum. Bald hatten die Detektive auch den leeren Wandsafe entdeckt, die Türe weit geöffnet. Am Stützbalken hing in Bodennähe ein Strick.
Während Bennie und Susanne noch auf den geplünderten Safe starrten, schritt Lu langsam und nachdenklich auf Herrn Pscheidl zu. Sie schaute ihn einige Sekunden lang wortlos an und meinte schließlich: " Herr Pscheidl, Sie haben uns alle belogen ! " Polizist Peyerl runzelte die Stirne: " Lu, das musst du uns erklären ! "
Lu sprach leise: " Also, ich behaupte, Herr Pscheidl hat uns belogen. Ich weiß nicht, warum er das tat, aber ich weiß, dass er nicht die Wahrheit sagte ! "

Weißt du es auch ?

DETEKTIVE, AN DIE ARBEIT !

Wir lösen den Fall !

1) Wann und woran bemerkte Herr Pscheidl angeblich den Einbruch zuerst ?

____

____

2) Was tat Frau Reim zuerst, nachdem sie den überfallenen Herrn Pscheidl entdeckt hatte ?

____

____

3) Zeichne einen Lageplan des Büros von Herrn Pscheidl- und zwar in dem Zustand, wie Bennie und Lu es kennenlernten !
Berücksichtige die Lage von Tisch, Stühlen, Couch, Lampenschirm, Telefon ....

4) Jetzt musst du erkennen, welche zwei Fehler Herr Pscheidl gemacht hatte !

____

____

LÖSUNGEN

Wir lösen den Fall !

1) Wann und woran bemerkte Herr Pscheidl angeblich den Einbruch zuerst ?

gestern Abend: Licht aus Arbeitszimmer

2) Was tat Frau Reim zuerst, nachdem sie den überfallenen Herrn Pscheidl entdeckt hatte ?

löste Pscheidls **Fuß**fesseln

3) Zeichne einen Lageplan des Büros von Herrn Pscheidl- und zwar in dem Zustand, wie Bennie und Lu es kennenlernten ! Berücksichtige die Lage von Tisch, Stühlen, Couch, Lampenschirm, Telefon ....

4) Jetzt musst du erkennen, welche zwei Fehler Herr Pscheidl gemacht hatte !

1. Hätte mit Fußfesseln telefonieren können
2. Angeblich drang Licht aus Büro, aber Lampenschirm außer Betrieb

MINIKRIMI

Tatort Kino

" Das ist doch das Letzte ! Wo soll das nur hinführen ? " So zornig sah man Lus Vater schon lange nicht mehr wie an diesem Samstagmorgen am Frühstückstisch. Er hatte nämlich einen Blick in die Tageszeitung geworfen.Und was er da zu lesen bekam, brachte ihn offenbar auf die berühmte Palme. " Was ist denn passiert ? ", fragte Lus kleiner Bruder langsam und kaute dabei weiter genussvoll an seinem Marmeladebrot. Sehr erzürnt begann Vater: " Jetzt ist man nicht einmal in unserem kleinen Städtchen sicher vor diesen Ganoven ! Zustände sind das wie im Großstadtdschungel ! Da haben doch solche Rowdies schon drei Mal Frauen die Handtaschen entrissen ! Das Ganze auf offener Straße - zuletzt erst gestern, am Abend, beim Verlassen des Kinos.....! " Beim Stichwort " KINO " wurde auch Lu aufmerksam, denn heute um 17 Uhr wollte sie mit Bennie und Susanne zusammen einen Film anschauen, *" Geheimbund rote 7 "*, ein Muss für unsere Detektive ! Es kostete Lu jetzt - nachdem ihr Vater von den Verbrechen am Kino aus der Zeitung erfahren hatte-einiges an Überredungskunst, bis ihre Eltern den geplanten Kinobesuch erlaubten. Sie musste fest versprechen, gut auf ihre Sachen aufzupassen und nach der Vorstellung gleich nach Hause zu kommen. " Ja, alles O.K. ! ", rief Lu an der Haustüre ihren Eltern zu - und schon war sie weg.

Immer wieder ertappte sich Lu dabei, wie ihre Blicke von der Leinwand wichen und wie sie die Gesichter der Kinobesucher ins Visier nahm. " Da hinten, zwei zwielichtige Gestalten mit Punkfrisur und Ohrringen - denen traue ich das zu ! ", dachte Lu. Auch Bennie schien mehr Augen für die Zuschauer als für den Film zu haben. So kam es auch, dass beide sichtlich zusammenzuckten, als Susanne plötzlich einen lauten Schrei ausstieß und rief: " Da, jetzt haben sie ihn ! " " Was, wo wieso ....? " Lu brauchte ein bisschen, ehe sie begriff, dass Susanne den Film meinte. Und der wurde jetzt so spannend, dass Lu und Bennie ganz vergaßen, sich um die Leute rundherum zu kümmern.

Dies änderte sich aber schlagartig, als nach dem Ende des Films aus dem nach draußen schiebenden Gewühle von Menschen eine schrille Frauenstimme zu hören war: " Haltet den Dieb ! Hilfe ! Hilfe ! Meine Tasche, halt, er hat meine Tasche weggerissen ! " Bennie und Lu versuchten sofort, zu dieser Frau vorzustoßen, doch es war vergeblich - viel zu dicht war die Menschenmenge. " Nichts zu sehen ! ", grummelte Bennie bloß.
Am großen Vorplatz außerhalb des Kinos angekommen sah Lu gerade noch, wie zwei Mopeds mit den Möchtegern - Rockern, die ihr schon im Kino verdächtig vorgekommen waren, laut aufheulend in die Straße einbogen und verschwanden. " Ich hab von einem der beiden die Fahrzeugnummer ! ", rief sie freudig, als sie sich zu Bennie umdrehte. Dieser schien sich aber mehr für einen großen, dunkel gekleideten Typen zu interessieren, der eben mit einem vor der Eingangshalle sitzenden Bettler ein lautes Wortgefecht führte. " Habt ihr das eben mitgekriegt ? ", stotterte in diesem Moment Susanne los, die gerade dem anscheinend blinden Bettler ein Geldstück in dessen leeren Hut geworfen hatte. *Blind und schwerhörig* stand auf dem Pappschild zu den Füßen des Bettlers, der auf einer großen Reisetasche saß und arg zitterte.
Susi weiter: " Der Kerl mit dem dunklen Anzug ist mit seinem Hund am Blinden vorbeigegangen. Da schrie der Bettler, er solle sich mit seiner räudigen Promenadenmischung gefälligst zum Teufel scheren, sonst setzt ´s was. Der Dunkle schrie dann den Blinden an, er solle verschwinden, ehe er die Polizei hole. " Bennie und Lu sahen und hörten, dass die zwei Streithähne immer noch aufeinander einschrien. Lu meinte zu den anderen: " Kommt, lasst uns abhauen; das ist eine Nummer zu groß für uns. Wir gehen lieber zur Polizei und melden, was wir alles gesehen haben ! " Das taten die drei dann auch, denn für sie war der Fall wieder einmal klar.

Für dich auch ?

Am nächsten Tag schon stand in der Zeitung TASCHENDIEB GEFASST !

DETEKTIVE, AN DIE ARBEIT !

Hier kannst du den Fall lösen !

1) Betrachte das Bild genau,

dann kommst du auf das gleiche Ergebnis wie unsere Detektive !

2) Wodurch hat sich der Täter bzw. haben sich die Täter verraten ?

3) Warum sind die drei Freunde zur Polizei gegangen und haben die Sache nicht alleine zu Ende gebracht ?

4) Zähle Beweisstücke auf, die Bennie und Lu auf die richtige Spur brachten:

5) Wo ist die gestohlene Handtasche versteckt ?

LÖSUNGEN

Hier kannst du den Fall lösen !

1) Betrachte das Bild genau,

dann kommst du auf das gleiche Ergebnis wie unsere Detektive !

Der angebliche Bettler

- kann den Weg zeigen;

- schaut den anderen an;

- erkennt die Hunderasse

2) Wodurch hat sich der Täter bzw. haben sich die Täter verraten ?

s.oben: Bettler ist nicht blind

3) Warum sind die drei Freunde zur Polizei gegangen und haben die Sache nicht alleine zu Ende gebracht ?

zu gefährlich

4) Zähle Beweisstücke auf, die Bennie und Lu auf die richtige Spur brachten:

z.B. Bettler erkennt Hund

5) Wo ist die gestohlene Handtasche versteckt ?

In der Reisetasche des Bettlers

MINIKRIMI

Mord am Weiher

" Die armen Fische, die armen Fische ! " Unter heftigem Schluchzen stammelte Tommi, Lus kleiner Bruder, immer wieder dasselbe. " Was ist denn passiert ? ", fragte Lu und streichelte dabei zärtlich Tommi über das Haar. " Papa und ich waren oben, am Weiher - du weißt schon, da hinten neben dem Wald ! ", stotterte er los und fing wieder an zu weinen. Vater mischte sich ein: " Beruhige dich, es sind nicht alle tot, nur etwa zehn Stück ! " Lu schaute mit fragenden Augen die beiden an. " Wieso ? Was ist passiert ? " Vater erwiderte: " Keine Ahnung. Aber auf der Wasseroberfläche liegen mindestens zehn tote Forellen mit weit aufgerissenen Mäulern. Sieht fast aus, als wären sie vergiftet worden ! " Jetzt schrie auch Lu : " So eine Schweinerei ! Die armen Fische ! " Sie lief hinaus, stieg auf´s Rad und strampelte los, um Bennie zu informieren. " Der Weiher am Waldrand....," wiederholte Bennie nachdenklich. " Der gehört doch Herrn Zenker, dem alten Nörgler, der uns einmal mit der Mistgabel nachgelaufen ist - nur, weil wir auf seiner Wiese spielten ! " Und sofort setzten sich die beiden auf ihre Räder und radelten los. " Tatsächlich ! So eine Gemeinheit ! Wer tut denn nur so was ? ", rief Bennie am Weiher entsetzt aus. Dabei bückte er sich und hob eine Dose aus dem Gestrüpp am Weiherrand auf. " Was ist das ? ", fragte Lu sofort und wollte gerade die Dosenaufschrift lesen, als sie eine laute, rauhe Stimme störte. " Haut ab von meinem Grundstück ! Das fehlt gerade noch, dass hier jetzt auch noch Kinder herumlungern ! " Der unfreundliche Mann kam mit großen Schritten aus dem nahe gelegenen Wäldchen auf die beiden Kinder zu. " Wir haben doch nur..., wir wollten nur... ", stotterte Lu, als sie erkannte, dass es Herr Zenker war, der sie jetzt fast erreicht hatte. " Platz ! ", schrie Zenker zornig, als er bemerkte, dass seine Schäferhündin, Nellie, freudig wedelnd auf die Kinder zulief. Da zeigte Bennie auf das Wasser. " Wer tut denn so etwas ? ", fragte er leise in der Hoffnung, Herrn Zenker zu beruhigen. " Was weiß ich ? ", raunzte Zenker , " vielleicht der Bauer Huber, dem das Feld nebenan gehört ! Bestimmt hat der wieder Jauche darauf verteilt und die lief in den Weiher ! " Und nach einer kurzen Pause: "Oder da, seht ihr, da ist einer, dem traue ich alles zu, dem Fischdieb, dem lausigen ! " Dabei zeigte er mit einem Finger auf Peter, dem Sohn von Bauer Huber, der in der Nähe Heu rechte. Zenker wieder, diesmal ohne Redepause:

" Erst vorgestern habe ich ihn erwischt, wie er mit seiner Angel zwei Forellen aus meinem Weiher gestohlen hat. Dem erzählte ich aber was ! Er wollte mir den Weiher schon abpachten, aber lieber lasse ich meine Fische ja verhungern, ehe sie dieser Taugenichts bekommt. Den Weiher würde ich sowieso lieber zuschütten, aber das Wasserwirtschaftsamt erlaubt es nicht - von wegen Biotop und so. So ein Unsinn ! Ich mag keine Fische. Vielleicht war es aber auch mein feiner Herr Bruder ! Seitdem sie ihm das linke Bein amputierten und er Frührentner ist, streicht er ständig abends um den Weiher, um die Fische zu füttern. Dabei wird er sie vergiften ! Ja, vergiften. Und warum ? Weil ich ihn fortgejagt habe aus meinem Haus. So, und jetzt verschwindet, ihr zwei ! Den Banditen fange ich schon selbst. Das geht sowieso erst am Abend, wenn es dunkel ist, weil da die Fische näher an der Oberfläche schwimmen und auf ihr Futter warten. "
Bennie und Lu hatten wirklich genug ! Ihnen dröhnten die Ohren vom vielen und lauten Schimpfen Zenkers. Wortlos schwangen sie sich auf ihre Räder und machten sich aus dem Staub. Freilich hörten sie noch Zenkers Abschiedsworte: " Lasst euch hier nicht mehr blicken ! "
Da kannte er die zwei Detektive aber schlecht. Die waren viel zu neugierig, wer denn nun wirklich zu solch einer Gemeinheit fähig war. Man möchte es nicht für möglich halten, doch Lu und Bennie kehrten noch am selben Tag zum Tatort zurück - kurz, bevor es zu dämmern begann. Am Waldrand, hinter einem Strauch, legten sich die beiden auf die Lauer. " Hier haben wir einen guten Überblick ! ", flüsterte Lu und schob gleich zwei Fragen nach: " Was stand eigentlich auf der Dose, und wo hast du sie hingetan ? " Bennie überlegte kurz: " Weiß nicht, irgend so ein Gift, weil ein Totenkopf aufgedruckt war. Als uns Zenker überraschte, warf ich sie schnell wieder ins Gebüsch. Horch, da ist jemand ! "
Der, den die Kinder jetzt sahen, war nicht der einzige Besucher an diesem Abend. Insgesamt drei Personen kamen zum Weiher.

Einer davon war der Mörder !

DETEKTIVE, AN DIE ARBEIT !

Fischmord aufgeklärt !

1. Diese drei Personen kamen in der Nacht zum Weiher.
   Schau genau hin: Der Täter verrät sich selbst !

2. Auf Motivsuche:

* Du kennst das Motiv des Täters !
* Du weißt, warum die anderen Verdächtigen kein Motiv zum Töten der Fische hatten !

Motiv: ____

Außer Verdacht: ____

____

3. Warum erlaubte wohl das Wasserwirtschaftsamt dem Herrn Zenker nicht, den Weiher zuzuschütten ?

____

LÖSUNGEN

Fischmord aufgeklärt !

1. Diese drei Personen kamen in der Nacht zum Weiher.
   Schau genau hin: Der Täter verrät sich selbst !

Unschuldig:
Peter angelt nur

Schuldig:
Zenker holt
Giftdose

Unschuldig:
Bruder
füttert
Fische

2. Auf Motivsuche:

* Du kennst das Motiv des Täters !
* Du weißt, warum die anderen Verdächtigen kein Motiv zum Töten der Fische hatten !

Motiv: *Zenker möchte Weiher zuschütten*

Außer Verdacht: *Peter vergiftet nicht die Fische, die er angeln will; Bruder hegt die Fische*

3. Warum erlaubte wohl das Wasserwirtschaftsamt dem Herrn Zenker nicht, den Weiher zuzuschütten ?

Amt setzt sich ein für den Erhalt von natürlichen Biotopen

MINIKRIMI

Schuss ins Schwarze

Voller Schwung riss Melanie die Türe zum Klassenzimmer auf und strahlte dabei übers ganze Gesicht. " Hurra, ich hab die Rolle bekommen, ich hab die Hauptrolle, ich darf Mrs. Ippi spielen ! " Hinter ihr traten Bella und Ilse ins Zimmer.Sichtlich weniger erfreut steckten sie ihre Köpfe zusammen und tuschelten. " Gratuliere ! ", rief Herr Kurz, der Klassenlehrer Melanie zu und ging ihr mit ausgestreckter Hand entgegen. Lu klatschte, und der Rest der Klasse fiel in den Beifall mit ein. " Hab ich doch gleich gesagt, " meinte Susanne zu Lu gewandt, " Melanie ist dafür am besten geeignet ! " Lu nickte bejahend. Susanne sprach weiter: " Die 25 - Jahr- Feier unserer Schule wird bestimmt ein toller Erfolg ! Ganz toll finde ich, dass keine Klasse weiß, was die andere dazu vorbereitet hat. " Herr Kurz unterbrach: " Da die Rollen jetzt feststehen, kann am morgigen Nachmittag die 1. Probe stattfinden. Der Autor des Stücks, unser Herr Schulz, wird sie abhalten ! " Und zu Lu und Susanne gewandt: " Lu, es bleibt doch dabei, dass du dich um die Kostüme kümmerst ? Und du, Susanne, um die Schminkerei ! ? " - " Klaro, " antwortete Lu, " alles schon organisiert ! Meine Tante arbeitet doch in der Requisite des Münchener Nationaltheaters. Sie hat mir einen Koffer voll Klamotten mitgebracht. Ich hab auch schon ein tolles, hellblaues Kleid mit Rüschen ausgesucht - das müsste genau das Richtige sein für Melanie und ihre Rolle ! Es ist bodenlang und hat am Rücken eine große Satinschleife. "

Am folgenden Nachmittag, bei der Probe, fanden alle, dass Melanie in ihrem Kleid traumhaft aussah. Alle, außer Bella und Ilse, denn sie hatten beide gehofft, die Hauptrolle spielen zu dürfen. Sie bekamen aber nur Nebenrollen: Zofe bzw. Köchin. Neidvoll stierten sie zu Melanie. " Die macht bestimmt einen Mordspatzer ! ", giftete Evi laut. Jeder wusste: Evi wollte sich bei Bella beliebt machen, wollte deren Freundin sein. " Hoffentlich , " zischte Bella gehässig, " aber im 3. Akt wird sie ja sowieso erschossen ! "

Die Probe verlief ohne Zwischenfälle, und weitere folgten in den Tagen darauf. " Also, toi, toi, toi für die Generalprobe, morgen ! ", rief Herr Schulz. Und zu Bennie: " Bennie, kontrollierst du bitte nochmal die Requisiten ? Schau nach, ob alles funktioniert ! " - " Wird gemacht, Chef ! ", antwortete der Junge. " Wenn die Eltern und die anderen Klassen dabei sind, übermorgen, wird schon alles schiefgehen ! " Dabei klopfte er mehrere Male mit seinen Fingerknöcheln auf Holz. Alles verlief reibungslos bei der Generalprobe - bis zum 3. Akt. Besser

gesagt, bis zu der Stelle, an der der rachsüchtige Ehemann, gespielt von Bennie, seine Frau, die Mrs. Ippi, erschießen sollte. Als Revolver diente Bennies schwarze Wasserpistole, die er schon als Kleinkind besessen hatte. Natürlich ohne Wasser, versteht sich. Bennie drückte also ab - und alle schrien laut auf; aber nicht, weil es so im Drehbuch gestanden hätte. Aus der " leeren " Wasserpistole spritzte schwarze Farbe ! Und zwar direkt auf Melanies tolles Kleid. Von oben bis unten war das Vorderteil versaut. Nach der Schrecksekunde begann Melanie zu heulen: " So eine Gemeinheit ! Wer hat das nur getan ? " - " Das möchte ich auch gerne wissen ! ", schrie Lu zornig und blickte alle Spieler der Reihe nach an. " Das Kleid ist hin , " grinste Evi schadenfroh, " du wirst wohl jetzt in Jeans spielen müssen, ha, ha ! " Bennie, der sich allmählich wieder gefasst hatte, überlegte laut, wer wohl zu solch einer Tat in Frage kommen würde: " Das muss **jetzt**, während der Generalprobe, gemacht worden sein, denn gestern hab ich - bevor ich nach Hause ging - die komplette Requisite nochmal überprüft, sortiert, in eine Schachtel gelegt und diese in meinen Spind getan. Und meinen Spind habe ich zugesperrt und den Schlüssel mitgenommen ! " Bennie lief zur Garderobe vor der Türe und zog demonstrativ den Spindschlüssel aus seiner Jackentasche. " Wieso hast du deinen Schlüssel noch ? ", platzte Lu in seine Gedanken. Und während sie weitersprach, ließ sie einen Schlüssel zwischen ihren Fingern schaukeln: " Den hab doch ich ! Den hast du mir heute Mittag gegeben, damit ich die Schachtel holen kann -du warst ja mit der Bühnenbeleuchtung beschäftigt ! " - " Ja, tatsächlich, " erkannte Bennie, " jetzt fällt ´s mir wieder ein: Diesen Schlüssel hier fand ich ja im Spind - nachdem du die Schachtel schon geholt hattest. Und ich dachte mir noch, du hättest ihn dort vergessen ! "
Lu betrachtete Bennies Spindschlüssel in ihrer Hand und fragte schließlich leise: " Wenn das hier **dein** Spindschlüssel ist, welchen hast dann du in der Hand ? " Bennie und Lu sahen sich an und wussten jetzt, wie sie den Täter ermitteln würden.

Du auch ?

DETEKTIVE, AN DIE ARBEIT !

Wir ermitteln:

1) Welche Personen standen unter Verdacht ?

2) Wie ermittelten Bennie und Lu den Täter ?

3) Vergleiche die beiden Schlüssel mit den Spindschlössern !

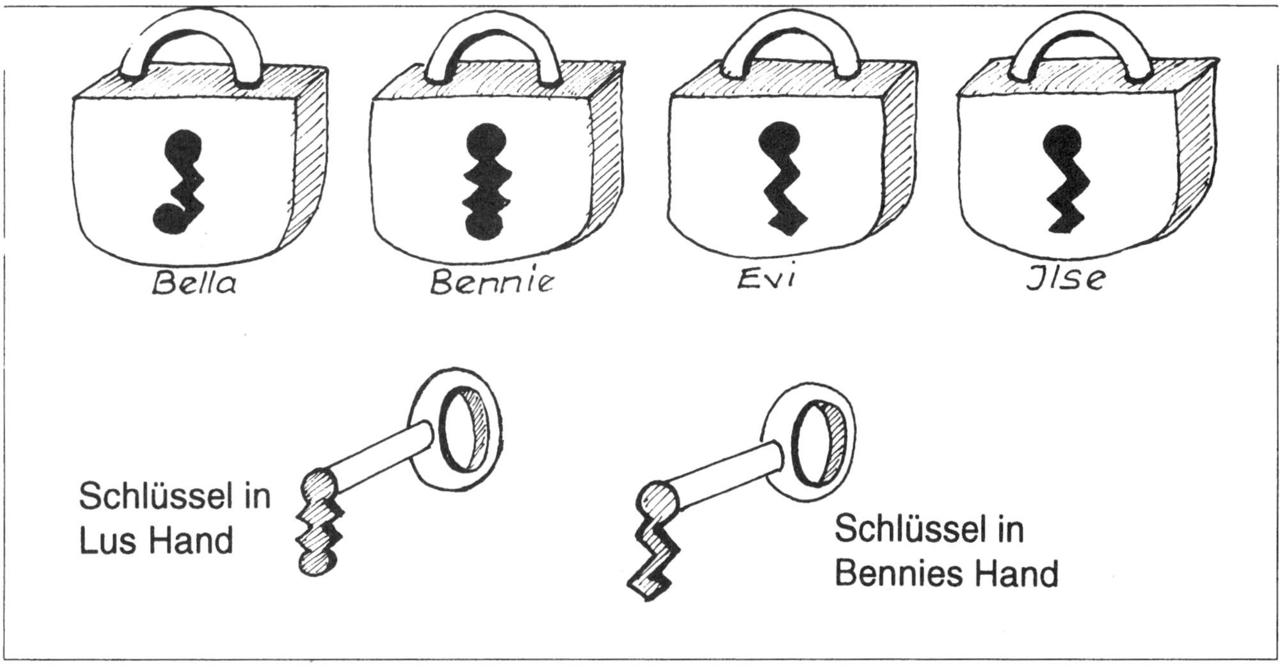

4) Was war das Motiv des Täters ?

5) Wie kam der falsche Schlüssel in den Spind ?

LÖSUNGEN

Wir ermitteln:

1) Welche Personen standen unter Verdacht ?

Bella, Evi, Ilse

2) Wie ermittelten Bennie und Lu den Täter ?

Ausprobieren, wo der zweite Schlüssel passt

3) Vergleiche die beiden Schlüssel mit den Spindschlössern !

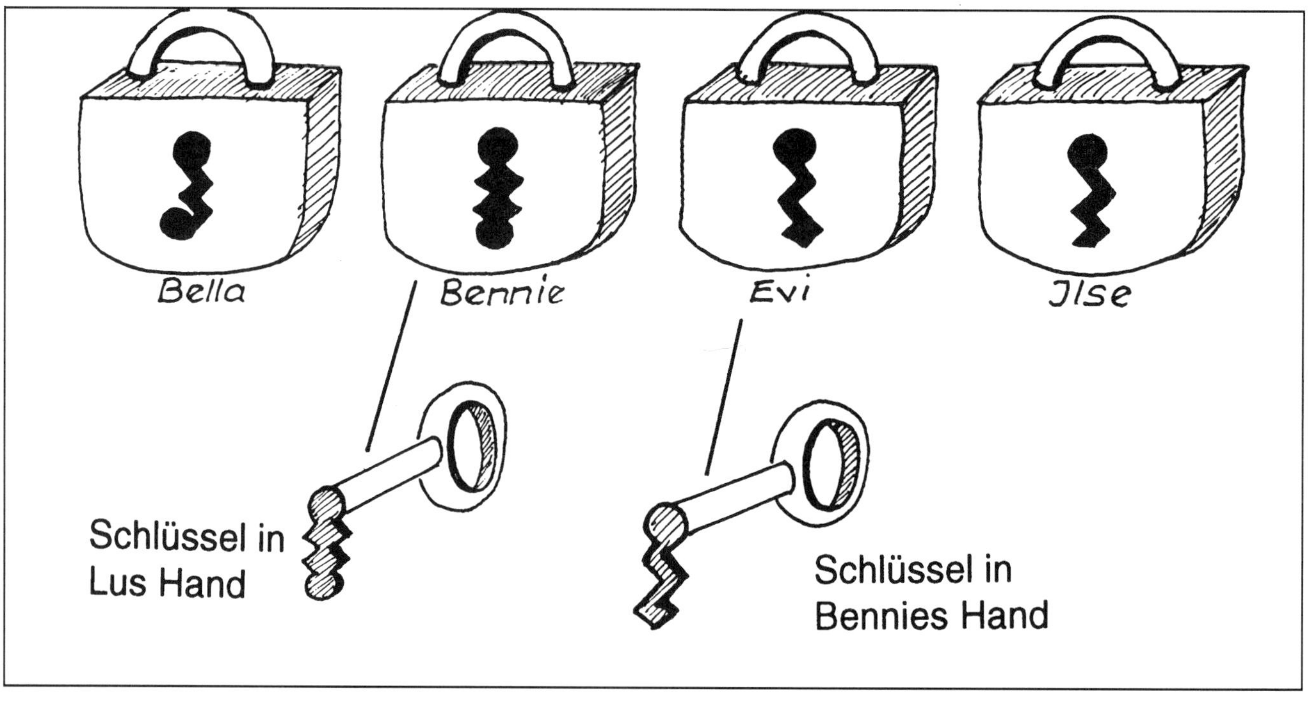

4) Was war das Motiv des Täters ?

Evi wollte sich bei Bella beliebt machen.

5) Wie kam der falsche Schlüssel in den Spind ?

Evi hat ihn liegen gelassen / vergessen

Wann und wie sie an die Pistole gelangte, ist nicht bekannt.

MINIKRIMI

Ein gemeiner Anschlag

An diesem Freitag hatte es Lu besonders eilig, von der Schule nach Hause zu kommen: Peter, ihr Lieblingsonkel, hatte ihr versprochen, zusammen mit ein paar Freunden Lus zum Zelten an den Starnberger See zu fahren. An diesem See lag außerdem Onkel Peters Segelboot, mit dem sie am Samstag eine große Segeltour starten wollten.
Bereits gestern hatte Lu alles für den Kurztrip übers Wochenende gepackt und konnte natürlich in der Nacht vom Donnerstag auf Freitag vor Aufregung kaum schlafen. Mit von der Partie sollten sein: Lus kleiner Bruder, Tommi, Lus beste Freundin, Susanne - und natürlich Bennie ! Um halb zwei Uhr war es so weit. Mit einem Rucksack voll Essen, einer Tasche mit Klamotten und begleitet von vielen guten Ratschlägen ihrer Mutter stiegen Lu und Tommi in Onkel Peters Auto, in dem bereits Susanne und Bennie saßen. " Wollt ihr eine Weltreise machen ? ", scherzte Onkel Peter, als er das viele Gepäck der Kinder sah. " So sind Mädchen eben ! " lachte Tommi hilflos. Bald waren die fünf am Zeltplatz . Der war fast leer: Nur ein Zelt, vor dem drei Motorräder standen, war zu sehen, und so konnten sich die Kinder eine schöne Stelle nahe am See aussuchen. In Rekordzeit war das große Zelt aufgestellt. Und dann wurde es ein fröhlicher, unbeschwerter Nachmittag für die Kinder: Sie schwammen im warmen Wasser des Sees, besuchten ihren Onkel, der sein Segelboot für die morgige Tour zurecht machte, sie spielten und ließen es sich gut gehen. Und so schwärmten die Kinder nach dem Abendessen am offenen Feuer, als sie die erste Müdigkeit befiel : " Das war ein toller Nachmittag ! " Jetzt war es Zeit, ans Schlafen zu denken. In einer Zeltkabine sollten Lu und Susanne schlafen. Nebenan, in der größeren Kabine, Onkel Peter, Tommi und Bennie. " Männer müssen zusammenhalten ! ", meinte Tommi, gähnte noch einmal laut und schlief ein. Bei Lu und Susanne klappte das Einschlafen nicht so schnell: Sie hatten sich noch eine Menge zu erzählen. Außerdem: Aus dem anderen Zelt, das etwa 20 Meter rechts von ihrem stand, drang ein Höllenlärm. Drei junge Männer saßen dort vor einem Lagerfeuer und schrien stockbetrunken durch die Nacht. Fast eine Stunde lang hatte sich Onkel Peter dieses Gegröle schon angehört, dann stand er auf und wollte gerade zu den Betrunkenen gehen und sie zum Schweigen bringen, als die drei sich auf ihre Motorräder schwangen und mit laut heulenden Motoren in Richtung Seestraße davonmachten. Jetzt war endlich Stille am Zeltplatz und unsere Helden konnten alle einschlafen.

Gegen 4 Uhr am Morgen schreckte Lu plötzlich hoch und packte Susanne am Arm: " Horch ! ", rief sie in Panik. " Susi, hörst du nichts ? " Beide Mädchen waren hellwach. Und beide hörten wirklich etwas: Unheimliche, leise Schritte vor dem Zelt ! Und plötzlich ein unruhiger Lichtstrahl, der durchs Zelt streifte und einige Male auch die beiden Mädchen traf.

Lu und Susanne hielten die Luft an. In der Schlafkabine nebenan schien alles ruhig zu sein. Nur das ruckartige Schnarchen Onkel Peters war laut und deutlich zu hören. Aber die Mädchen konnten darüber nicht lachen. Sie hatten viel zu viel Angst vor den unheimlichen Dingen , die sich draußen, vor ihrem Zelt, abspielten. Ganz, ganz langsam krochen sie schließlich aus ihren Schlafsäcken und zum Eingang des Zeltes. Vorsichtig zog Lu den Reißverschluss ein kleines Stück nach oben, um durch den kleinen Spalt nach außen lugen zu können. Da unten, am Seeufer: Deutlich waren im schwachen Mondlicht drei Schatten zu erkennen ! Einer fuchtelte mit einer Taschenlampe herum. Die beiden anderen schienen ins Wasser zu gehen. Lu konnte eigentlich nur die Umrisse der drei erkennen, mehr nicht. Schnell zog Lu den Zeltverschluss wieder zu. Die beiden Mädchen eilten zu ihren Schlafsäcken zurück, krochen ganz hinein - und schliefen irgendwann doch wieder ein.

" Alles aufstehen ! ", rief Tommi am frühen Morgen und kitzelte die beiden Mädchen mit einem Grashalm im Gesicht. Bei der morgendlichen Katzenwäsche und dem ausgiebigen Frühstück wurden von den fünf so viele Pläne für die bevorstehene Segeltour geschmiedet, dass die Mädchen ihre nächtliche Beobachtung ganz vergaßen. Doch das änderte sich schlagartig, als sie beim Boot angekommen waren ! " So eine Gemeinheit ! ", rief Bennie entrüstet. Er hatte zuerst entdeckt, was nicht in Ordnung war: Im Boot stand fast kniehoch das Wasser, das durch unzählig viele Löcher am Schiffsboden eingedrungen war. Überall am und im Boot war rote Farbe verschmiert und ins Hauptsegel zwei große Löcher geschnitten. Jetzt erst erzählten Lu und Susanne aufgeregt, was sie in der Nacht zuvor beobachtet hatten. " Das waren bestimmt die drei besoffenen Kerle aus dem Nachbarzelt ! ", schrie daraufhin Bennie - und hatte auch schon einen Plan. Während Onkel Peter mit Tommi in den nächsten Ort fuhren, um Bootskitt und Segeltuch zu kaufen, legten sich Bennie, Lu und Susi auf die Lauer. Sie mussten nicht lange warten, bis die drei Typen auf ihren Motorrädern mit Vollgas vom Zeltplatz wegfuhren. Jetzt hieß es: Schnell sein ! Flugs waren die drei Kinder im Zelt der >Motorradgang< , wie Bennie sie nannte. Beim Eintreten streifte Lu an nassen Badehosen, die über einer Schnur hingen, vorbei. Vor ihnen, auf dem Zeltboden, lagen drei Reisetaschen. " Die müssen wir durchsuchen ! ", meinte Bennie professionell. Beim Ausräumen der ersten Tasche sprach Susanne laut mit: " Wäsche, eine Spraydose mit roter Farbe, eine Illustrierte, Zigaretten, eine Schere und drei volle Bierdosen. " Lu hatte inzwischen die zweite Tasche ausgeräumt: " In meiner sind auch Wäschestücke, ein Handtuch, eine Taschenlampe, Cassetten, Zigaretten und ein Feuerzeug ! " Und auch Bennie berichtete: " Wäsche, ein Buch, ein Haarföhn, ein Korkenzieher und eine Flasche Wei....." Weiter kam Bennie nicht, denn eine große Hand packte ihn fest an der Schulter und eine zornige Stimme schrie: " Was macht ihr da ? " Erschrocken fuhren die drei Kinder herum: Da standen die drei Motorradfahrer hinter ihnen; sie hatten ihr Kommen nicht gehört ! Ganz mutig stammelte Lu hervor: " Ihr habt in der letzten Nacht unser Segelboot kaputt gemacht ! " Einer der Männer trat zu Lu und packte sie fest am Kragen ihres Pullis. " So ein Blödsinn ! ", raunzte er, " wir sind erst am frühen Morgen gekommen und waren noch gar nicht in der Nähe des Sees!"

" Ich dachte mir schon, dass ich euch hier finde ! ", hörte man plötzlich vom Zelteingang her Onkel Peter sprechen, der neben dem Material für das Boot auch gleich zwei Polizisten mitgebracht hatte. Erleichtert liefen Lu und Susanne zu ihnen. " Die drei da waren ´s ! ", rief Bennie jetzt sehr tapfer. " Das könnt ihr nicht beweisen !", knurrte einer der drei Kerle zornig. Lu und Bennie, die beiden Superdetektive, schauten sich an und nickten sich zu. " Doch, " sprach Lu jetzt ganz ruhig, " das können wir ! "

Und du kannst das auch !

DETEKTIVE, AN DIE ARBEIT !

Wir überführen die Täter !

1. Zähle auf, womit sich die drei Männer verraten haben !

____

____

____

2. Welche Gegenstände, die Tatwerkzeuge sein können, haben die Kinder gefunden ? Zähle sie auf !

____

____

____

3. Bei dem gezeichneten Inhalt der drei Taschen fehlt jeweils ein Gegenstand. Finde ihn !

Hier fehlt:

______________ ______________ ______________

Zusatzfragen:

a) Wie alt ist Tommi, Lus kleiner Bruder ?
b) An welchen See durften die Kinder fahren ?
c) Wann sind die fünf von zu Hause losgefahren ?

LÖSUNGEN

Wir überführen die Täter !

1. Zähle auf, womit sich die drei Männer verraten haben !

Aussage: Nicht am See - aber: nasse Badehosen

2. Welche Gegenstände, die Tatwerkzeuge sein können, haben die Kinder gefunden ? Zähle sie auf !

rote Farbe, Korkenzieher, Schere

3. Bei dem gezeichneten Inhalt der drei Taschen fehlt jeweils ein Gegenstand. Finde ihn !

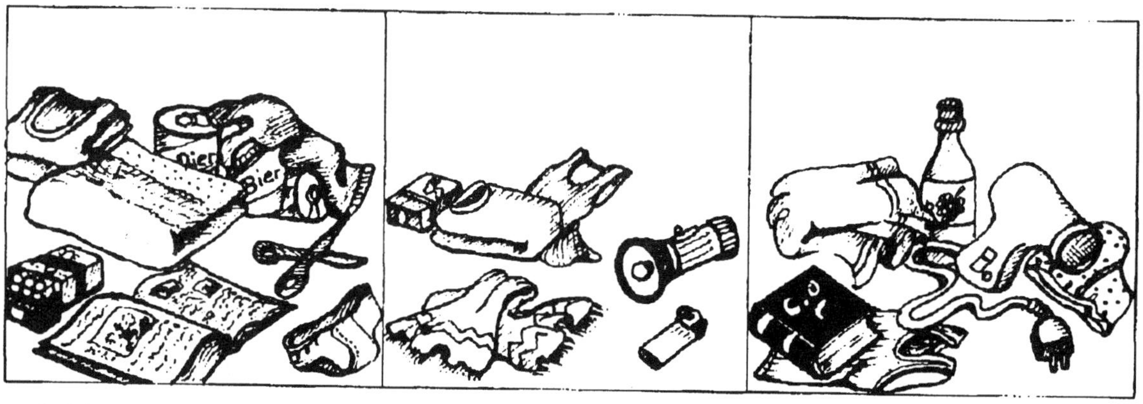

Hier fehlt:

Farbspray | Cassetten | Korkenzieher

Zusatzfragen:

a) Wie alt ist Tommi, Lus kleiner Bruder ?
b) An welchen See durften die Kinder fahren ?
c) Wann sind die fünf von zu Hause losgefahren ?

MINIKRIMI

Niemand merkte was !

" Das ist eine Superidee von unserem Kunstlehrer, hier, im Museum, eine Zeichenstunde abzuhalten ! ", rief Lu begeistert ihrer Freundin, Susanne, zu. " Ja, gar nicht übel ! ", murmelte diese ganz in ihre Arbeit versunken. Sie saßen alle vor einer großen Marmorstatue des Mysteriengottes Adonis und versuchten gerade, dessen breite Schultern so naturgetreu wie möglich auf ´s Papier zu bringen. " Hey, da hatten wohl andere die gleiche Idee !", rief Bennie und zeigte zu einer Gruppe von Studenten, die im Raum nebenan damit beschäftigt waren, alte Meister zu kopieren. " Kommt, " meinte Lu, " das möchte ich mir anschauen ! " Schnell legte sie Zeichenblock und Stift beiseite und lief schon in den Nebenraum. "Wahnsinn ! ", zischte Susanne. " Die haben aber ´was drauf ! Sieht ja aus wie echt...! " Sie stand hinter einem jungen Mann, lugte über dessen Schulter und bestaunte seine Fälschung. Susanne sprach ihn an: " Ein echter Jacques David ? Raub der Sabinerinnen ? " Der Student drehte sich kurz um und grantelte: " Ganz recht. Aber jetzt verdrückt euch, sonst kann ich nicht zeichnen ! " Bennie und Lu hörten diese unfreundlichen Worte gar nicht, denn sie waren damit beschäftigt, einen anderen Studenten auszufragen.

Plötzlich eine Stimme vom Nebenraum - ihr Zeichenlehrer war ´s: " So, Schluss für heute ! " Und schon klatschte der in die Hände als Zeichen für den Aufbruch. " Herrje, meine Zeichnung ! ", stöhnte Lu. " Ich hab ja noch gar nicht richtig angefangen ! " Bennie lachte: "Ich auch nicht. Da wird uns nichts anderes übrig bleiben, als morgen Nachmittag, nach der Schule, nocheinmal herzukommen und weiterzuarbeiten ! " " Ganz recht, meine Herrschaften ! ", meinte ihr Lehrer schmunzelnd, da er ihr Gespräch mitgehört hatte. " Ist ja eigentlich eine prima Idee ! ", überlegte Lu. "Ich möchte sowieso die Bildergalerie mal genauer anschauen, und vielleicht sind ja unsere Studenten auch wieder da ! "

Am nächsten Nachmittag, nach den Hausaufgaben, ging es los ! Bewaffnet mit Stiften und Zeichenpapier radelten Bennie und Lu zum Museum. Am Haupteingang empfing sie eine Riesen- Reklametafel mit der Aufschrift: **Bilder aus**

dem Louvre, Paris ! Nur bis 20 Juni !

" Was für ein teurer Schinken ! ", scherzte Bennie vor einem alten Gemälde, als er den angeschlagenen Wert des Bildes sah. " Na ja, das ist eben ein echter *de Goya* ! ", wusste Lu. Und: " Vielleicht sind unsere Kunstwerke in 50 Jahren auch so viel wert ? ! " Da ertönte hinter den beiden eine strenge Stimme: " Geht nicht so nah an die Bilder ran ! Erst vergangene Nacht ging hier der Alarm los ! " Es war der Museumswärter, der jetzt mehr zu sich selbst sprechend erklärte: "Ein großes Aufgebot an Polizisten durchsuchte das ganze Gebäude. Aber anscheinend war ´s ein Fehlalarm ! Ich sagte ja schon immer: Diese alte Alarmanlage taugt nichts mehr. Da muss eine neue her ! "
Neugierig fragte jetzt Bennie: " In welchem Raum wurde denn der Alarm ausgelöst ? " Bereitwillig gab der Wärter Auskunft: " Na, hier, bei diesen teuren Schinken ! Die gehören uns nicht, die hat uns der Louvre für einen Monat zur Verfügung gestellt ! " Lu überlegte laut: " Ist ja merkwürdig ! Kann es nicht sein, dass.....? " Lu und Bennie hatten in diesem Moment den selben Gedanken. Sie blickten sich stumm an, bis Bennie schließlich meinte: " Vielleicht sollten wir unseren Verdacht der Polizei mitteilen ! " Gesagt - getan. Skeptisch, aber doch interessiert, hörte ihnen Polizeirat Peyerl zu. Er kannte die beiden Superdektektive ja schon. " Na ja, " meinte er endlich, " wir sollten diese Möglichkeit vielleicht wirklich in Betracht ziehen ! Ich werde sofort einen Sachverständigen damit beauftragen. "
Es stellte sich bald heraus, dass Lu und Bennie recht hatten mit ihrem Verdacht. Ein weiterer Fall war gelöst.

Welcher Fall ?
Kannst du ihn auch lösen ?

DETEKTIVE, AN DIE ARBEIT !

Du hast etwas bemerkt !

1. Welchen Verdacht hatten Lu und Bennie ?

2. Wozu brauchte die Polizei einen Sachverständigen ?

3. Wer war der Täter ?

4. Betrachte nachfolgendes Bild genau !
   Eine Person ist darin versteckt . Suche sie !

LÖSUNGEN

Du hast etwas bemerkt !

1. Welchen Verdacht hatten Lu und Bennie ?

Die ausgestellten Bilder sind gegen Fälschungen ausgetauscht worden - daher der angebliche Fehlalarm.

2. Wozu brauchte die Polizei einen Sachverständigen ?

Zur Überprüfung der Echtheit der Bilder

3. Wer war der Täter ?

Einer der Studenten, der am Vortag die Bilder " kopierte "

4. Betrachte nachfolgendes Bild genau !
   Eine Person ist darin versteckt . Suche sie !

MINIKRIMI

Aus der Traum ?

Begeistert klatschten die Schüler Beifall, als Beate von der Sportlehrerin, Frau Sieber, den Wanderpokal überreicht bekam. Beate war die beste Schwimmerin der Grundschule im Jahre 1999 ! Ein wenig verlegen stand sie da, las aber stolz ihren Namen, der unter denen der Sieger der Vorjahre auf dem Pokal eingraviert war. Als sie vom Lehrer fotografiert wurde, hielt sie in der rechten Hand den glänzenden Pokal und in der linken eine Urkunde und das Teilnahmeformular für die Landesschwimmmeisterschaften." Das Foto bekommt einen Ehrenplatz in unserer Schülerzeitung ! ", meinte Bennie bewundernd. " So, jetzt wollen wir das Schmuckstück in den Glaskasten beim Haupteingang stellen," unterbrach Frau Sieber, " damit alle deine Leistung bewundern können ! " -
" Eigentlich steht die Auszeichnung ja mir zu ! ", zischte Inge, die hinter Lu stand. " Wenn ich nicht diesen dummen Krampf im Bein bekommen hätte, wäre **ich** die Erste geworden ! " - " Ja, du oder ich ! ", pflichtete Rosi ihrer Freundin Inge bei. Rosi weiter: " Da trainiert man jede freie Minute im Hallenbad, und dann gewinnt diese blöde Kuh !" Jetzt wurde es Lu zu bunt. Verärgert drehte sie sich zu den beiden Mädchen um und rief: " Haltet endlich die Klappe ! Ihr seid ja nur neidisch ! " Rosi darauf schnippisch: " Phh, so ein Blödsinn ! Neidisch ! Aber dass die jetzt auch noch zu den Landesschwimmmeisterschaften fahren darf, das finde ich eine Frechheit ! "

Am nächsten Morgen, als sie in die Klasse traten, erkannten Lu und Bennie sofort, dass etwas geschehen sein musste: Beate stand schluchzend am Tisch des Klassenlehrers, Herrn Kurz. Lu trat auf Beate zu und fragte sie, was denn passiert sei. " So eine Gemeinheit ! ", heulte Beate und erzählte vom eingeschlagenen Vitrinenfenster und vom gestohlenen Pokal. Bennie hatte mitgehört: " Mit dem kann doch niemand was anfangen ! Da wollte dich bestimmt nur jemand ärgern und bringt ihn bald zurück, du wirst schon sehen ! " - " Das mag schon sein, " jaulte Beate weiter, " aber mein Teilnahmeformular ! Das habe ich nämlich zusammengerollt und in den Pokal gesteckt ! "

Jetzt ging Herr Kurz mit den drei Kindern zu dem zerschlagenen Ausstellungsfenster, um nach Spuren zu suchen. Sofort fiel Lu etwas auf: " Hier, seht, hier, in der linken Ecke, beim Schloss, wurde ein Stück herausgebrochen. So konnten die Täter die Scheibe öffnen. " Auch Bennie hatte etwas entdeckt: " Schaut mal da ! " Dabei deutete er auf den Boden vor der Vitrine, wo man einige rote Flecken erkennen konnte. " Blut ! Der Täter hat sich verletzt ! "
Bennie hatte einen Plan ! Schnell erklärte er ihn seinen Freunden und Herrn Kurz. Gemeinsam eilten die vier ins Klassenzimmer zurück. Mit strenger Miene wandte sich Herr Kurz an seine Klasse. " Ich erwarte, " begann er langsam und bedrohlich, " ich erwarte, dass der Pokal morgen unversehrt auf meinem Pult steht, sonst übergebe ich den Fall der Polizei. Und die findet bestimmt Fingerabdrücke, und dann geht´s dem Täter schlecht ! " - " Übrigens, Fingerabdrücke ! " fuhr Lu fort. " Zeigt doch mal eure Hände her ! Am besten fange ich gleich mal bei Rosi und Inge an ! " Und als sich Lu den beiden zuwandte, giftete Inge: " So eine Unverschämtheit ! Was soll das ? Ich habe den Pokal nicht ! " - " Ich auch nicht ! ", rief Rosi. " Und den blöden Teilnahmeschein habe ich auch nicht gesehen. " Lu deutete auf Inges Finger: " Und was ist das ? " Alle sahen das Pflaster auf Inges rechtem Zeigefinger. Schnippisch antwortete Inge: " Das ist gar nichts ! Das haben die anderen auch ! " Schon hob Rosi ihren verpflasterten Zeigefinger. Auch Moni und Irmgard streckten grinsend ihre mit Pflaster verklebten Finger in die Höhe. " Das ist seit kurzem das Erkennungszeichen unserer Clique ! ", klärte Rosi auf.
In diesem Moment klopfte es an die Türe und der Rektor trat ins Zimmer - den Pokal vor sich hertragend. " Den hat unser Hausmeister soeben in der Mülltonne gefunden ! ", erklärte der Rektor. Herr Kurz griff in den Pokal - und holte erleichtert aufatmend das zusammengefaltete Teilnahmeformular hervor. Bennie griff es sich und untersuchte es fachmännisch. " Mann, haben wir Glück ! ", lachte er vielversprechend Lu zu und zeigte dabei auf einen kleinen, roten Fleck auf der Rückseite des Schriftstücks. Herr Kurz griff in eine Schublade und überreichte Bennie ein Stempelkissen: " Wie ich euch kenne, werdet ihr das gleich brauchen, oder ? " Herr Kurz hatte recht.
Bennie und Lu konnten jetzt schnell den Täter überführen.

Kannst du das auch ?

DETEKTIVE, AN DIE ARBEIT !

Wir überführen den Täter

1) Nenne die vier Verdächtigen:

2) Eine der vier Verdächtigen fiel besonders auf. Wodurch ?

3) Wieso wollte Lu die Finger der Mitschüler sehen ?

4) Auf dem Teilnahmeschein befand sich ein roter Fleck.
Was war das ?

5) Wozu brauchte Bennie ein Stempelkissen ?

6) Der Lösung ganz nahe: Vergleiche die Fingerabdrücke !

Teilnahmeschein — Inge — Moni — Rosi — Irmgard

Meisteraufgabe: Wie kannst du den Ball herausholen ?
In einem Loch liegt ein Tennisball. Das Loch ist ein bisschen breiter als der Ball. Und es ist tiefer als dein Arm lang ist. Stöcke sind verboten !

LÖSUNGEN

Wir überführen den Täter

1) Nenne die vier Verdächtigen:
Inge, Moni, Rosi, Irmgard

2) Eine der vier Verdächtigen fiel besonders auf. Wodurch ?
Rosi wollte auch zu den Meisterschaften

3) Wieso wollte Lu die Finger der Mitschüler sehen ?
Verletzung durch eingeschlagene Scheibe

4) Auf dem Teilnahmeschein befand sich ein roter Fleck.
Was war das ?
Blut (mit Fingerabdruck)

5) Wozu brauchte Bennie ein Stempelkissen ?
Fingerabdrücke herstellen

6) Der Lösung ganz nahe: Vergleiche die Fingerabdrücke !

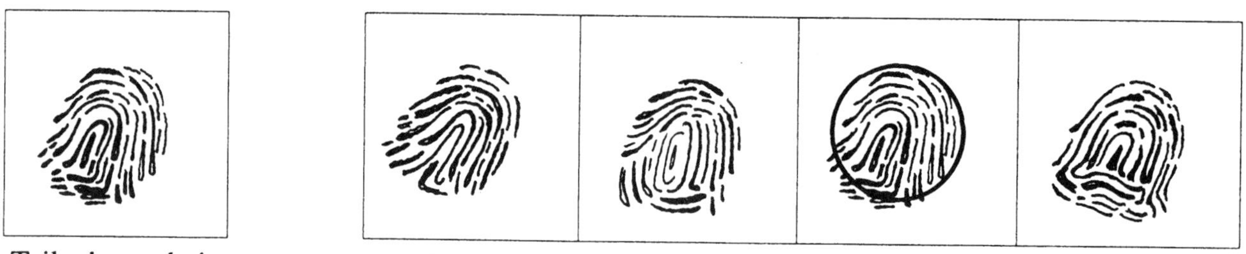

Teilnahmeschein — Inge — Moni — Rosi — Irmgard

Wasser einfüllen - Ball steigt in die Höhe

MINIKRIMI

Wer hat die Hose an ?

Die Klasse 4a hatte Sport. Genauer gesagt: Schwimmen. Das Freibad hatte an diesem Vormittag eigens geöffnet, damit Frau Sieber, die Sportlehrerin. die Schwimmzeiten ihrer Schüler abnehmen konnte. Während Frau Sieber noch Vorbereitungen zum Wettschwimmen traf, saßen die Kinder noch angezogen in Grüppchen zusammen auf ihren Matten und ratschten über dies und das. Lu machte gerade einer Mitschülerin Komplimente: " Toll, Daniela, endlich hast du auch eine *LEVEE* ! Schaut gut aus ! Steh doch mal auf ! " Daniela erhob sich und präsentierte stolz ihre neuen Jeans: " Mama wollte mir erst keine kaufen. Aber ich hab so lange auf sie eingeredet. Alle haben eine *LEVEE*, hab ich ihr gesagt, nur ich nicht ! Na, wie schaue ich aus ? " Die Kinder wurden gewaltsam gestört von der barschen Stimme der Sportlehrerin: " Los jetzt ! Ausziehen ! In alphabetischer Reihenfolge und jeweils drei antreten ! Die anderen bleiben am Platz sitzen ! " Es war eine anstrengende Doppelstunde mit Brust- und Kraulschwimmen. Am Ende standen die Zeiten und die Platzierungen fest. Vor versammelter Mannschaft - allesamt noch in Badekleidung - verlas Frau Sieber schließlich die erreichten Plätze. Viele Mitschüler gratulierten Lu und Bennie zu den Siegerplätzen. Die zwei Helden schlenderten zusammen mit Daniela plaudernd zu ihren Matten, wo sie Susanne - bereits angezogen - vorfanden. Die vier fachsimpelten noch eine geraume Zeit über ihre Schwimmleistungen und bemerkten dabei gar nicht, dass alle anderen Mitschüler das Bad bereits verlassen hatten. Lu war es schließlich, die meinte: " Jetzt gehen wir aber. Schaut, die anderen sind schon alle weg ! " Die vier sahen noch den Bademeister und Frau Sieber beim Ratschen am Becken stehen. Sonst war das Bad menschenleer. Lu, Bennie und Daniela trockneten sich ab und begannen sich anzuziehen. Daniela merkte zunächst noch gar nichts. Sie zog sich ihr T-Shirt über. Aber dann.... : " He, wo ist denn meine Hose ? ", rief sie zunächst noch ohne Argwohn. Auch Lu meinte nichtsahnend: " Schau halt genau ! " Doch die Hose war wirklich nicht mehr da ! Und als die drei anderen bereits fertig angezogen dastanden, saß Daniela heulend im Gras. " Meine Hose, meine teure LEVEE. Mama wird mich umbringen ! " Lu klärte Bennie über Danielas neueste Jeans auf und stellte dann laut fest: " Deine LEVEE wurde gestohlen, das ist klar. Und da nur wir von der 4a hier im Bad waren, muss es einer von uns gewesen sein ! " Lu, Bennie und Susanne schleppten

Klassenliste 4a

		PLÄTZE
1	Böhm, Benjamin	2
2	Dick, Christian	6
3	Heiß, Franz	14
1	Hufnagl, Christian	12
2	Kampa, Martin	17
3	Ries, Florian	11
1	Seefeldt, Steven	13
2	Weber, Tobias	7
1	Detter, Daniela	10
2	Fischer, Diana	4
3	Geistbeck, Maria	8
1	Grabmaier, Beate	3
2	Herrmann, Luise	1
3	Köglmeier, Inge	15
1	Lohmayr, Carmen	16
2	Paul, Susanne	5
3	Reitberger, Rosi	9

jetzt die weinende Daniela zu Frau Sieber ans Becken. Mit kurzen Worten klärte Lu die Sportlehrerin über das Verbrechen auf. Die überlegte lange und meinte dann ziemlich ratlos: " Ja, ich weiß auch nicht, wer deine Hose hat. Warum ziehst du denn auch eine solch teure Hose an ? " Die Kinder antworteten gar nichts auf diese dumme Frage. Daniela fiel etwas ein: " Das war Maria ! Maria hat noch keine LEVEE ! Frau Sieber, Maria war´s ! " Bennie beruhigte sie: " Das kannst du nicht sagen. Ich hab auch keine ! " Frau Sieber wollte es jetzt genau wissen: " Klärt mich mal auf ! Wo lagen deine Jeans ? " Daniela heulend:
" Unter meinem T-Shirt. Da, da hinten liegen unsere Matten, die von mir, die von Lu daneben und im Anschluss daran Susis Matte. Was wird Mami sagen....? " Bennie fragte mehr sich selbst: " Wann könnte denn die Hose geklaut worden sein ? " Und zu Daniela: " Bist du mal weg gewesen ? " Daniela - immer noch heulend: " Nur zum Schwimmen. Vorher nicht - und danach saß ich gleich wieder auf meiner Matte. Mich fror....! " Frau Sieber streng: " Und ihr anderen ? Habt ihr was gesehen ? " Bennie ergriff wieder das Wort: " Ich war ja der Erste beim Schwimmen. Danach legte ich mich nicht auf meine Matte, sondern da hinten hin, in die Sonne. Alle Jungs kamen nach ihrem Wettschwimmen zu uns in die Sonne ! " Lu fuhr fort: " Als Daniela schwamm, feuerten wir sie an. Mit *wir* meine ich meine Riege und Susanne ! Als ich schwamm, stand Susi am Beckenrand; und bei Susi schaute nur ich zu. " Frau Sieber überlegte laut: " Als ich am Schluss die Platzierungen verlas und alle um mich herum standen, hätte der Dieb zuschlagen können: Die Matten waren alle verlassen....! " Susanne unterbrach sie: " Nein. Denn als ich mit dem Schwimmen fertig war, habe ich mich gleich voll angezogen. Mich fror doch so. Und ich blieb auf meiner Matte sitzen, bis alle kamen, um sich umzukleiden. Irgendwann kamen auch Lu, Bennie und Daniela. " Langes Schweigen. Lu brach es: " Wer kommt nicht in Frage ? Wer ist viel zu groß oder zu klein für Danielas Jeans ? " Die Kinder überlegten. Bennie zählte auf: " Franz, Diana und Rosi sind Zwerge; Steven und Tobias sind viel größer als Daniela...." Frau Sieber beendete das Rätseln: " Warten wir bis morgen. Ich knöpfe mir die Klasse vor ! " Bevor sie sich verabschiedeten, bat Lu ihre Lehrerin um die Klassenliste mit den Schwimmergebnissen. " Die kannst du schon haben ! Bring sie aber morgen wieder mit zur Schule ! ", befahl Frau Sieber.
Nicht mehr ganz so traurig kam Daniela am nächsten Morgen zur Schule: Ihre Mutter hatte sie nicht geschimpft ! Unauffällig musterten Lu, Bennie und Daniela ihre Mitschüler - genauer gesagt: Deren Hosen. Dabei fiel ihnen nichts Ungewöhnliches auf. Die meisten trugen LEVEE, aber das taten sie schon länger. Da trat Maria ins Zimmer und sorgte für eine große Überraschung. Sie rief in die Menge: " Schaut her ! Na ? Was sagt ihr ? " Dabei drehte sie sich wie ein Model und präsentierte - eine neue LEVEE ! Daniela schrie leise auf: " Na, was hab ich gesagt ?! Sie war es ! " Bevor sie auf Maria zuspringen und ihr an die Gurgel fahren konnte, trat Frau Sieber dazwischen und bremste Daniela. Lu sah Bennie an. Der nickte. " Wir wissen, wer der Dieb war ! " sprach Lu laut und deutlich. "

Weißt du es auch ?

DETEKTIVE, AN DIE ARBEIT !

Wir ermitteln den Täter,

indem wir feststellen, wer es **nicht** war !

Dazu verwenden wir die Klassenliste.

Lu, Bennie, Daniela und Susanne waren es sicher nicht !

1) In welchem Zeitraum muss der Diebstahl passiert sein ? Warum ?

2) Sämtliche Jungen der 4a kommen **nicht** in Frage, weil

3) Diana und Maria waren es **nicht**, weil

4) Beate und Inge waren es nicht, weil

5) Warum scheidet Rosi als Täterin aus ?

6) Wer bleibt übrig ?

7) Vergleiche die beiden Hosen: Du erkennst 10 Unterschiede !

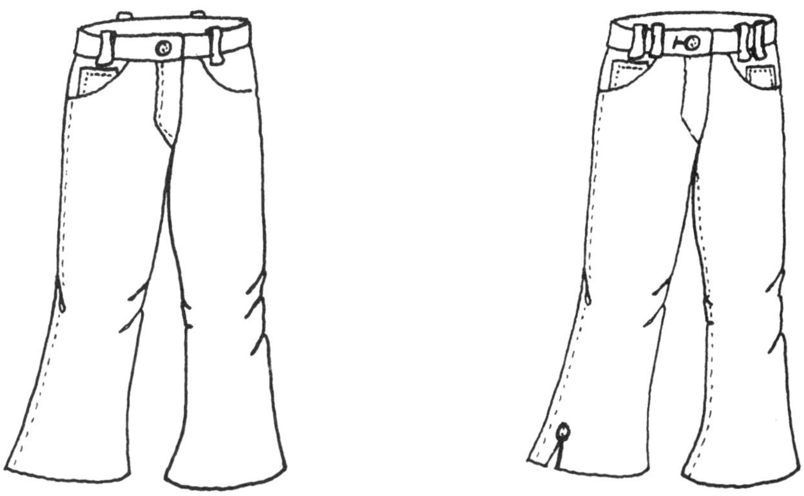

LÖSUNGEN

Wir ermitteln den Täter,

indem wir feststellen, wer es **nicht** war !

Dazu verwenden wir die Klassenliste.

Lu, Bennie, Daniela und Susanne waren es sicher nicht !

1) In welchem Zeitraum muss der Diebstahl passiert sein ?
Warum ?
Während Daniela schwamm; sie war sonst immer auf der Matte

2) Sämtliche Jungen der 4a kommen **nicht** in Frage, weil
sie alle beim Sonnen zusammen saßen

3) Diana und Maria waren es **nicht**, weil
sie gleichzeitig mit Daniela im Wasser schwammen

4) Beate und Inge waren es nicht, weil
sie Daniela beim Schwimmen zuschauten

5) Warum scheidet Rosi als Täterin aus ?
zu klein für die Hose

6) Wer bleibt übrig ?
Carmen = Täter

7) Vergleiche die beiden Hosen: Du erkennst 10 Unterschiede !

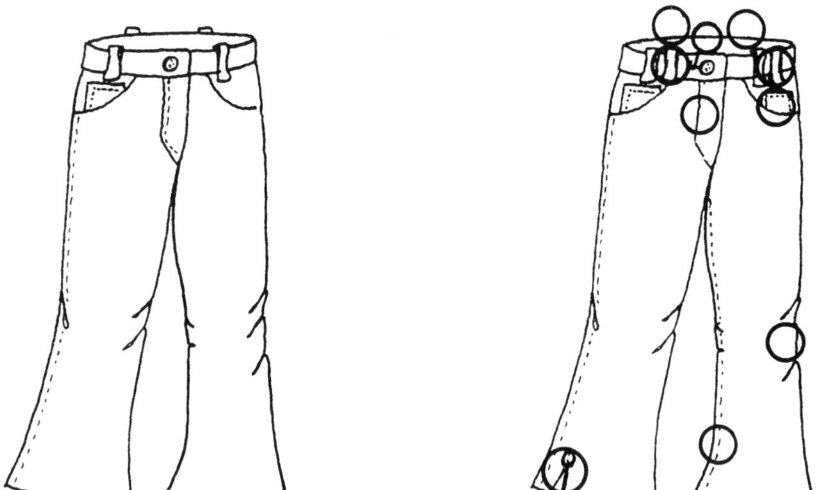

DETEKTIVPRÜFUNG

ernst und heiter

Einige Monate haben 30, andere 31 Tage.

Wie viele Monate haben 28 Tage ?

Welche Birne wird nicht faul ?

Was liegt in der Mitte von Rom ?

Versuche, aus diesen Figuren ein Herz zu legen !

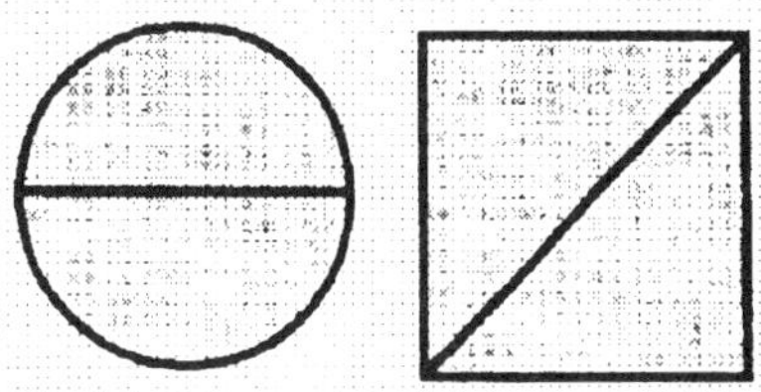

Kann ein Lehrer mit roter Tinte blau schreiben ?

Gehe hier von links nach rechts auf dem richtigen Weg, und du findest *etwas* !

LÖSUNGEN

ernst und heiter

Alle !

Die Glühbirne

ein o

Versuche, aus diesen Figuren ein Herz zu legen !

Ja, das Wort blau

Gehe hier von links nach rechts auf dem richtigen Weg, und du findest *etwas* !

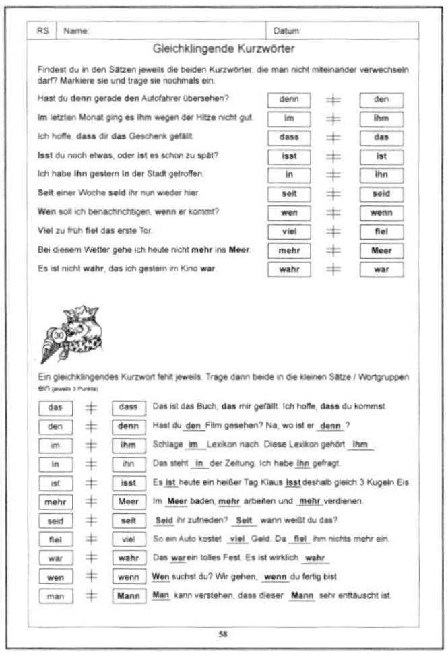

Vorwort

Aufgrund der neuen Einteilung des Wortschatzes in Mitsprech- (Hör-), (Nach) Denk- und Merkwörter werden spezifische Rechtschreibstrategien aufgezeigt, die der Besonderheit der Wörter entsprechen. Erst wenn ein gewisses Repertoire solcher Strategien verfügbar ist, können Schüler die Gesetzmäßigkeiten der Sprache entdecken und entsprechend der Schwierigkeit eines Wortes handeln. Dabei wurde besonderer Wert auf die Übung von Nachdenk- und Merkwörtern gelegt. Mitsprech- bzw. Hörwörter wurden dagegen weniger berücksichtigt, da diese ja weniger Rechtschreibschwierigkeiten bereiten.

Mit Tipps und Tricks zum Rechtschreibking

Nr. 369 *66 Seiten* € 14,90

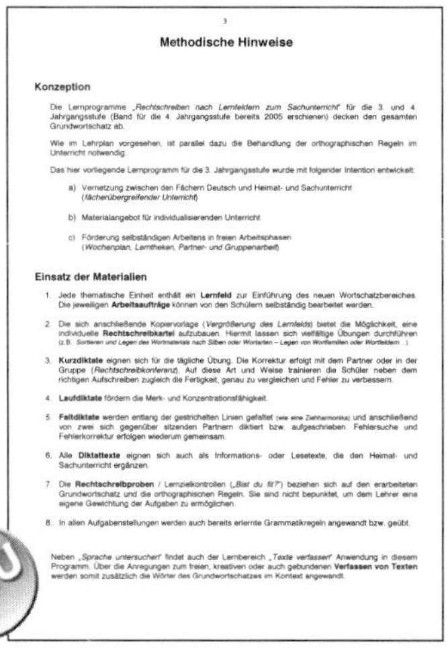

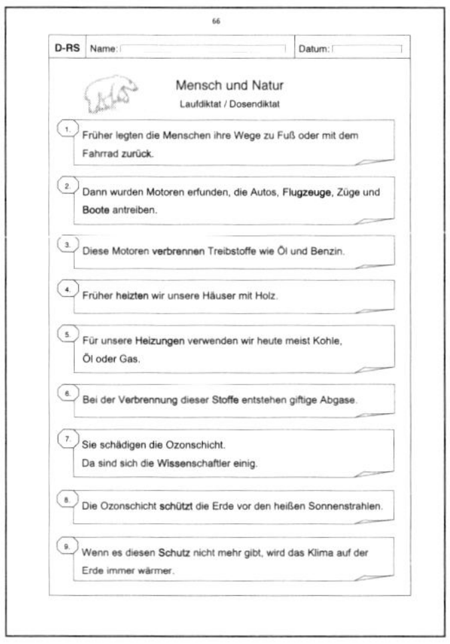

Inhaltsverzeichnis

Rechtschreiben nach Lernfeldern zum Sachunterricht 3

Nr. 373 *106 Seiten* € 18,90

1. Ferienende: Das war eine tolle Reise
2. Meine Zukunft: Träume und Pläne
3. Quo vadis? Hauptschule, Realschule, Gymnasium
4. Unterwegs in der Welt: Wir in Europa
5. Feste hier und anderswo
6. Auch Kinder haben Rechte
7. In oder out: Wir folgen dem Trend
8. Die alten Römer - auch bei uns?
9. Aus Milch macht Butter/Käse
10. Meine Gemeinde - Meine Stadt
11. Müll - Vermeidung und Entsorgung
12. Wasser - Natur pur
13. Sicher auf dem Fahrrad
14. Alles klar? Kläranlage

Rechtschreiben nach Lernfeldern z. Sachunterricht 4.

Nr. 589 *132 Seiten* € 19,90

Einführungsgeschichte
„Unser kleines Orchester"
LP: Musik erfinden (3. Klasse: 3.2. / 4. Klasse: 4.2.)
Klanggeschichten zu HSU 3.Klasse
„Unser Auge"*
LP: 3.2.2. Sinnesleistungen
„Was man alles kaufen kann!"*
LP: 3.3.2. Werbung
„Der Wald lebt!"
LP: 3.5.2. Tiere des Waldes
„Das Eichhörnchen"
LP: 3.5.2. Tiere des Waldes
Klanggeschichten zu HSU 4.Klasse
„Was für ein Wetter!"
LP: 4.5.1. Der natürliche Kreislauf des Wassers
„Leben am Teich"
LP: 4.5.2. Wasser als Lebensraum für Tiere und Pflanzen
„Auf dem Bauernhof"*
LP: 4.7.1. Ausgangsstoffe und Materialien
„Ich bin ein Fahrradprofi!"*
LP: 4.8. Rad fahren
Feste und Feiern im Jahr
„Süßes oder Saures!" (Halloween)
„Ihr seid alle eingeladen"* (Fasching)

Klanggeschichten zum Sachunterricht 3./4.

Nr. 387 *27 Seiten* € 8,90